シリーズ「遺跡を学ぶ」101

# 北のつわものの都 平泉

八重樫忠郎

新泉社

# 北のつわものの都
## —平泉—
八重樫忠郎

【目次】

編集委員
勅使河原彰（代表）
小野　昭
小野　正敏
石川日出志
小澤　毅
佐々木憲一

装　幀　新谷雅宣
本文図版　松澤利絵

# 第1章　つわものたちの北東北

## 1　平泉とは

### 東北地方の要衝

平泉町は、岩手県南部の人口八〇〇〇人ほどの小さな町である。西には奥羽山脈から続く山々がせまり、東には平安時代に平泉を訪れた西行法師が歌に詠んだ東稲山《たばしねやま》がそびえ、小規模な盆地のような地形になっている（**図1**）。

町の中央を南北に、全国でも屈指の大河である北上川が流れる。北上川は東西からせりだしている丘陵をけずって、川の両側に「谷起《やぎ》」とよばれる大氾濫原をつくりだした。川の東側のその谷起には、平安時代に畠が広がっていたことが判明している。

この大河の西側丘陵部の先端に、平泉町の市街地が広がる。この市街地を陸路では最長の国道である国道四号とJR東北本線、青森県までのびる東北電力の鉄塔が南北に走り、さらには

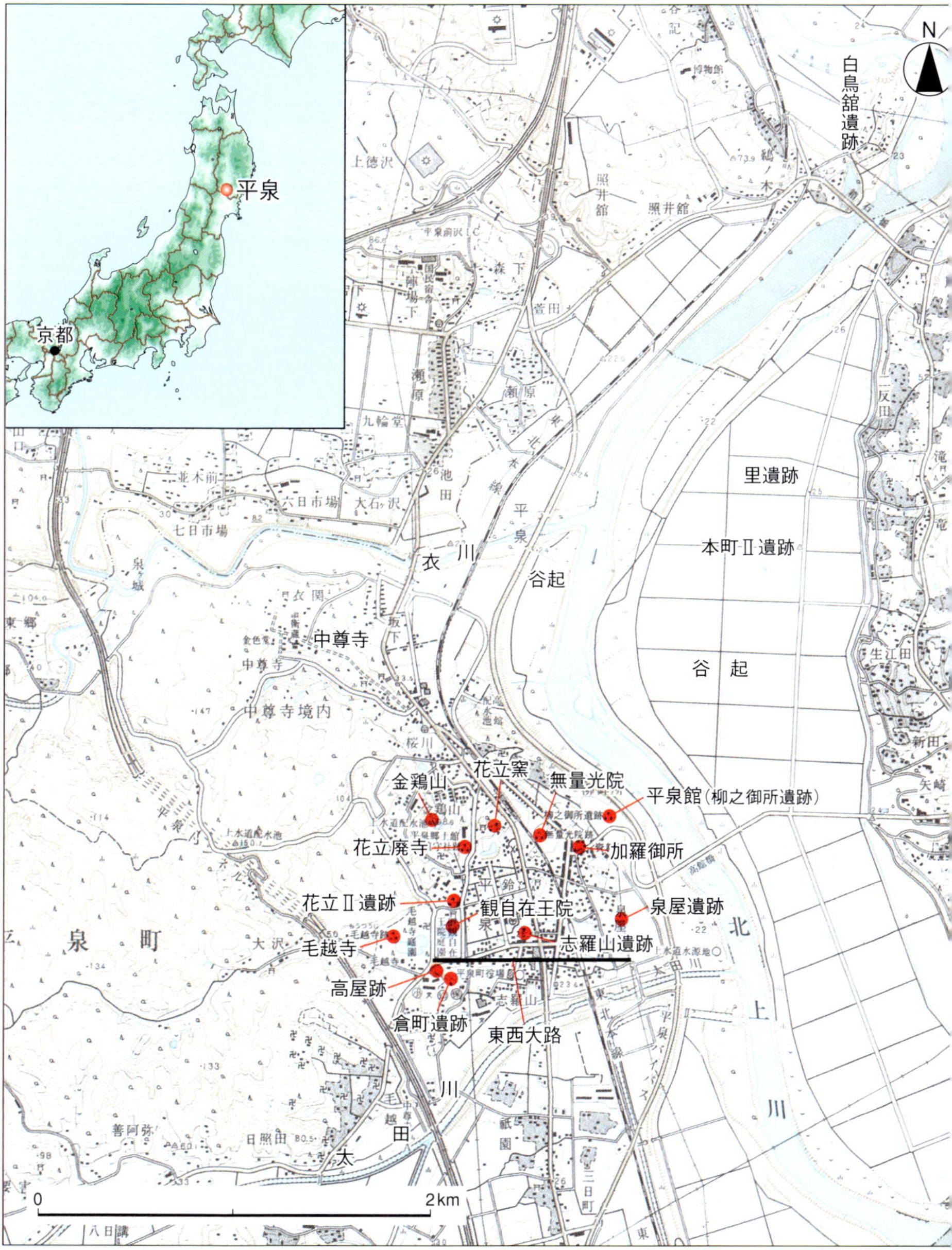


**図１ ● 平泉の地勢と主要遺跡**
遺跡が集中する中心部の周辺には、北に衣川、東に北上川、南には太田川が開析した低湿地が広がり、西からは山々がせまるため、天然の要害となっている。

丘陵内部をトンネルで東北自動車道が貫いている。これに東北地方のほぼ中央に位置するという立地、さらに北上川の水運が加わることにより、平泉は南東北と北東北をつなぐ水陸交通の要衝の地となっていった。

## 東北有数の観光地

平泉町といえば、中尊寺《ちゅうそんじ》の金色堂《こんじきどう》や毛越寺《もうつうじ》の大庭園を思い浮かべる人が多いだろう。中尊寺月見《つきみ》坂《ざか》のうっそうとした杉木立は凛とした雰囲気をかもしだし、毛越寺の庭園は訪れる人にやすらぎを与える（**図2・3**）。年間二〇〇万の人びとが訪れる東北有数の観光地、それが平泉町である。二〇一一年には、「平泉―仏国土（浄土）を表す建築・庭園及び考古学的遺跡群」として世界文化遺産に登録されたことも記憶に新しい。

　さて、中尊寺の金色堂は、「平泉藤原氏」（一般的には「奥州藤原氏」とよぶが、奥州＝陸奥だけ

**図2 ● 中尊寺金色堂新覆堂**
新覆堂は、鎌倉幕府が1288年に建立した木造の覆堂に代わって金色堂を保護すべく、1968年に竣工した。

ではなく、出羽にも勢力をおよぼしていたことから、本書ではその本拠地「平泉」を冠して、こうよびたい）の初代清衡《きよひら》（一〇五六―一一二八年）、二代基衡《もとひら》（？―一一五七年）、三代秀衡《ひでひら》（一一二二―一一八七年）のミイラと、四代泰衡《やすひら》（一一五五―一一八九年）の首級《しゅきゅう》を安置していることでも有名だ。そしておおよそ一二世紀の九〇年間、この平泉藤原氏四代の繁栄の中心となったのが平泉である（以下、平泉と記す場合は、現在の平泉町ではなく、当時の平泉をさすことにする）。

　平泉藤原氏の痕跡を明らかにしようと、平泉町では一九五〇年から発掘調査を断続的に続けてきた。とくに一九八八年から一九九三年にわたって、字伽羅《から》楽《らく》から字柳御所《やなぎのごしょ》地内でおこなった柳之御《やなぎのご》所《しょ》遺跡の大規模発掘調査は、平泉藤原氏の政庁跡を発見したことから、それまでは点的ともいえる寺院中心だった平泉研究を、一気に面としての中

**図3 ● 毛越寺大泉が池**
東側の洲浜部分から西側をみる。緑色の部分は芝張り整備がされているが、当時は玉石敷きだったため、景観の印象は異なるかもしれない。

世都市研究に押しあげた。

本書では、こうした考古学的な成果をもとに、平泉藤原氏の都「平泉」をみなさんと歩いてみたい。

## 2　平泉藤原氏とは何者か

### 日本国と北東北

平泉藤原氏を語るうえで、「北」と武士、当時のよび名でいえば「つわもの」という言葉は欠かせない。なぜなら平泉藤原氏は、「北」の「つわもの」の中だからこそ興りえたものだからである。では、当時の「北」という世界は、どのようなものだったのか。

奈良・平安時代の律令政権＝日本国は、阿倍比羅夫《あべのひらふ》や坂上田村麻呂《さかのうえのたむらまろ》の遠征記事でもわかるように、東北地方に勢力を拡大しつづけた。そして八世紀には、現在の宮城県から秋田県あたりまで進出し、陸奥国では多賀城《たがじょう》（宮城県多賀城市）、出羽国では秋田城（秋田県秋田市）をそれぞれ設け拠点とした。関東や九州などにはない「城」を築いたのは、蝦夷《えみし》とよばれた東北の住民の抵抗がすさまじかったからである。

多賀城や秋田城の役割は、東北地方を日本国に組み入れることにあったため、その軍事力を背景に蝦夷を服従させ、あるいは饗応することで懐柔し、租税を徴収するための行政単位である郡をつくっていった。

九世紀初頭には、北上川上流部にまで勢力をのばし、北上川と雫石川《しずくいしがわ》の合流地点近く、現在の岩手県盛岡市に最北の城柵、志波城《しわじょう》を築いた（図4）。発掘調査によって、約九〇〇メートル四方を土塁《どるい》をともなう大溝《おおみぞ》、さらにその内部を築地塀《ついじべい》でかこみ、その中に掘立柱建物《ほったてばしらたてもの》による政庁や竪《たて》穴建物《あなたてもの》による兵舎や工房が建ちならんでいたことがわかっている。

しかしその後、水害によって一部流失したために撤退し、北への侵攻をやめ、一〇キロほど南の徳丹城《とくたんじょう》（岩手県矢巾《やはば》町）と、軍事拠点である鎮守府胆沢城《いさわじょう》（同奥州市）、そして国府多賀城が太平洋側の陸奥北辺の支配の中心となっていく。この傾向は日本海側の山形県や秋田県でも同様で、秋田城より北側への拠点の進出はない。

すなわち北東北には、日本国に組み入れられた部分と組み入れられなかった非日本国部分が存在したことになる。そして、その境界地域に日本国

**図4 ● 志波城の外郭南門と築地塀の復元**
外郭の築地塀は、基底幅が2.4mであることから、屋根の上まで4.5mほどと推定でき、とりつく南門は2間×5間、二階建ての壮大な櫓（やぐら）門であった。

によって建郡されたのが、陸奥の「奥六郡《おくろくぐん》」（岩手・志波・稗抜《ひえぬき》・和《わ》賀《が》・江刺《えさし》・胆沢）と出羽の「山北《せんぼく》三郡《さんぐん》」（山本・平《ひら》鹿《か》・雄勝《おがち》）であった（**図5**）。

　しかし一〇世紀に入り、日本国の中心である平安京で律令体制が崩れはじめるとともに、北の地域での支配体制も急速に衰退していく。一一世紀になると、国府多賀城内でも、この時期の政庁の建物跡がみつからなくなるなど、支配の形を残しながらも実質がない状態になる。これは多賀城の長官である国司や、胆沢城の鎮守府将軍の権力が弱まったことを示している。

　国司らの力がおよばなくなると、やがてその下で働いていた在地の豪族たちが、国司にか

**図5● 奥六郡と山北三郡**
奥六郡と山北三郡は奥羽山脈を境界に接しており、それぞれを支配していた安倍氏と清原氏は姻戚関係にあった。しかし、前九年合戦では敵味方に分かれて戦うことになる。

わって実効支配をおこなうようになる。こうした在地のつわものの中から台頭してきたのが、「奥六郡主《おくろくぐんしゅ》」といわれた安倍《あべ》氏と「山北俘囚主《せんぼくふしゅうしゅ》」とよばれた清原《きよはら》氏であった。

## 北のつわものたち

安倍氏は、もとは鎮守府胆沢城の役人であった。近年の研究によれば、一〇世紀ごろに鎮守府将軍らとともに都から下向してきた一族で、同様に陸奥国内に根をはった豪族との婚姻を通じて、奥六郡の実質的権力者に成長していった。平泉藤原氏の初代清衡の父である藤原経清《つねきよ》（？―一〇六二）も、安倍氏と姻戚関係を結んでいる。

安倍氏は「安大夫《あんたいふ》」とよばれていた。「大夫」とは国司や鎮守府将軍をとりまく幹部クラスの役人の総称である。経清も「亘理権大夫《わたりごんのたいふ》」と記録にある。亘理は、現在の宮城県仙台市の南側の海沿いの地域だ。また「俘囚」とは、日本国に従順な蝦夷のことを意味しているのだが、安倍氏同様に、清原氏も山北三郡の実質的権力者になっていった。

こうしたつわものの台頭は、日本国との軋轢《あつれき》を大きなものにしていった。また、つわもの同士の争いも生じた。そこに在京の武家貴族、源氏が陸奥国司に任命され、奥六郡の支配を回復することによって自らの勢力を拡張しようとしたこともからんで、前九年・後三年合戦という北東北全体をゆるがす戦乱が続くことになる。

前九年合戦は、一〇五一～六二年にかけて国司源頼義《よりよし》と安倍氏が戦ったもので、安倍氏側の敗北で終結している。藤原経清は娘婿として安倍氏側に参戦しており、生け捕りにされ惨殺された。しかしその子清衡は、母が敵方の清原氏に再嫁したため、一命を救われている。

殺害される際に経清は、合戦のさなかに許可なく税をとりたてたことを責められている。徴税こそが国司の不可侵の権益であったことがうかがえ、つわものたちが実効支配をはじめるのも、徴税をおこなうことが大きな目的であったことを示しているエピソードといえよう。

合戦終結後、清原氏は現在の青森県に侵攻し、おおよそ北東北一帯を支配下に収めた。しかしその結果、急速に広域支配をおこなわなければならなくなり、体制の確立など多くの課題が山積したようだ。

北東北の各地から出土するそのころの土器をみると、それぞれに在地色が強く、清原氏の拠点である地域から出土する土器とは明らかに異なっている（図6）。このことは清原氏の支配が一元的なものではなく、各地の在地豪族と同盟を結ぶか服従させる形であったことを示していると考えている。そして、その様相は基本的に、後の平泉藤原氏の時代になっても変わらない。

このような鎌倉幕府にも通じる広域支配体制の模索は、一族内に不平不満を募らせ不協和音を生みだした。これに清原氏宗家の複雑な血縁関係も絡みあい、さらに国司源義家《よしいえ》の介入もあって、ついに一〇八三年、後三年合戦が勃発する。

この合戦で清衡は妻子を皆殺しにされたが、一〇八七年に源義家・清衡側が勝利して後三年合戦は終結した。

しかし、源義家は戦闘には勝利したが、朝廷（日本国の政府）からは私戦とみなされ国司を解任されてしまう。この後、清衡が戦後処理に努め、租税の徴収や当時、蝦夷《えぞ》が島とよばれた北海道との北方交易を、後任の国司がいるにもかかわらず代行し、それを安定的に遂行することで日本国からの信頼を得ることに成功する。そしてついに朝廷から軍事警察権をつかさどる押領使《おうりょうし》という役職を得て、北東北の覇者となるのである。

　平泉藤原氏は、一〇世紀なかばに起きた平将門《たいらのまさかど》の乱を鎮圧した藤原秀《ひで》郷《さと》の後胤《こういん》であることから、武門の誉れ高い一族といえる。しかし、中央の貴族社会に入っていかず、清衡は自らの拠点を江刺郡にあった豊田館《とよだのたち》から、かつて安倍氏の防衛線であった衣川関《ころもかわのせき》の南側、平泉へと移す。北

**図６● 大鳥井山遺跡と新田遺跡の土器**
清原氏の拠点であった大鳥井山遺跡（上：秋田県横手市）出土のものは形がととのってバラエティに富むが、在地の新田遺跡（下：青森県青森市）出土のものは、大きさは変わらないものの（大きなもので口径15㎝程度）、簡素で形がととのっていない。

東北の地に、つわものの政権をつくろうとするのである。

館を築き、集住をはじめ、やがて中世都市へと発展する。ある意味において平泉は、北のつわものたちの集大成、すなわち京都とは異なる北の都だったのである。

## 3　つわものと仏教

ここで忘れてはならないのが、世界文化遺産では「仏国土（浄土）を表す」と評価された平泉の宗教性である。

つわものたちが活躍したところには、他地区にはみられない古代の仏像が残っている。奥六郡内にあたる岩手県奥州市の黒石寺《こくせきじ》には、木彫像では貞観《じょうがん》四年（八六二）という最古の紀年銘をもつ薬師如来坐像がある。また同県花巻市の成島毘沙門堂《なるしまびしゃもんどう》は、九世紀後半の伝吉祥天立像《きっしょうてんりゅうぞう》と、一〇世紀前半の兜跋《とばつ》毘沙門天立像などを今に伝える（図7）。

山北三郡内にあたる秋田県横手市周辺にも、奥六郡とくらべると少ないが、一〇世紀前後の二体の十二神将や一一世紀前半の十二神将、一二世紀代の聖観音菩薩立像、一二神将、銅製宝《どうせいほう》冠《かん》阿弥陀如来坐像などがある。

こうした中で成島毘沙門堂の伝吉祥天立像と兜跋毘沙門天立像は、まったく異なる特徴をもっている。伝吉祥天立像は、京都では使わないケヤキ材を用いていることから東北で造仏したことは確実だが、作風は京都風である。これに対して兜跋毘沙門天立像は、五メートル近くの

図7 ● **成島毘沙門堂の伝吉祥天立像**（右、1.76m）**と兜跋毘沙門天立像**（左、4.73m）
兜跋毘沙門天とは、地天女に支えられ手に宝塔をもつものをいう。吉祥天は毘沙門天の妻と伝えられることから、両者がいつのころからか一緒に保管されるようになったのだろう。

高さがあるため、下からみあげた時に頭部が小さくみえないように大きくするのが京都風なのだが、それをせず頭身の比率が人体そのままに近い。しかしながら、そこがかえって成功しており、京都の物真似ではない仏像をつくる域にあったことを示している。技術の高さは伝吉祥天立像を受け継ぎながらも意図は異なるという造形は、新しい価値観が生まれはじめたことを示している、と評価されている。

陸奥国府多賀城などが、東北地方の支配にむけて、東北の住民たちの考え方を根幹から変えるような新しい価値観を導入するため、積極的に仏教をもちこんだ。そして北のつわものたちも、自らの支配の正当性を示すために、同様に仏教の普及を支援していくのである。

その結果、兜跋毘沙門天立像のように、すでに一〇世紀前半にそのレベルは、平安京にとらわれずに独自の個性を表現できるまでに高まった。つまり、造仏に関しても、最初は平安京から来た国司主導でおこなっていたものが、徐々につわものたちに移行したことがわかる。岩手県北上市には九世紀中ごろから一一世紀ごろに栄えた国見山廃寺《くにみさんはいじ》があるが、そこには安倍氏が造営した塔があった。

中尊寺や毛越寺の礎《いしずえ》には、このような流れがあったことをみのがしてはならない。つまり平泉の宗教性の多くは、北のつわものたちの活動の証なのである。

では次章から、考古学からわかってきた、つわものの都・平泉をみていこう。

# 第２章　柳之御所遺跡の発見

## 1　館がみつかった

### 巨大堤防とバイパス工事

岩手県北部の七時雨山《ななしぐれやま》に源を発し、宮城県の追波湾《おっぱわん》にそそぐ全長二四九キロの大河、北上川。平泉町は、この北上川の河口から八〇キロほどさかのぼった中流域にある。

中流域といっても、平泉町での水面の標高は二〇メートル程度しかなく、流れは緩やかだ。そして、町外の下流部には急激に川幅が狭くなる箇所が数キロ続く。そのため大雨が降ると、水はその付近から逆流しはじめ氾濫し、平泉町周辺に水害をもたらす。南に位置する一関市とともに平泉町は、水害常襲地帯といわれていた。

この状況を改善するため、一九七三年に建設省（現・国土交通省）は、当時の首相が提唱した日本列島改造論の一環として、北上川に巨大堤防をつくり、さらにその上に平泉町内市街地を通る国道四号の混雑緩和のためのバイパスを走らせるという巨大事業を立ちあげた。そして、この事業の事前調査として一九八八年に、北上川沿いの堤防予定地にあたる市街地の大規模発掘調査がはじまったのである（図8）。

その付近の字名は「柳御所」という。それは、平泉藤原氏が滅んでから四〇〇年ほど経った一六世紀後半に「柳之御所」という建物があったという伝承による。

『吾妻鏡《あずまかがみ》』文治《ぶんじ》五（一一八九）年九月一七日条には、源頼朝《よりとも》が平泉を占領した際に、平泉の僧侶が頼朝に提出した「寺塔已下注文《じとういかちゅうもん》」という平泉の歴史と概要を記した有名な文書があるが、その中に「館のこと（秀衡）。金色堂の正方、無量光院《むりょうこういん》の北に並んで宿館《しゅくかん》（平泉館《ひらいずみのたち》と称する）を構えた」と記されている。この位置関係から、柳之御所跡とされている場所に藤原氏の拠点施設「平泉館」があったのではないかと想定し、この大規模調査をさ

**図8 ● 柳之御所遺跡の調査全景**（第52次）
堀内部地区北西部。写真右上が北上川。上方の赤屋根の住宅に続く道に沿って、堀跡の痕跡がみえる。左上の住宅が建っている部分は猫間が淵跡。

かのぼること二〇年ほど前に、平泉の考古学的調査の草分けともいえる故藤島亥治郎《ふじしまがいじろう》先生ひきいる平泉遺跡調査会が、学術調査をおこなっている。

しかしながら、当時の調査は住宅密集地内の狭隘な地区であったため、平泉館を推定できるような遺構はみつからず、「中心的な部分は北上川によって流失してしまった」という結論に達している。その後、平泉町教育委員会も試掘調査を実施したが、遺跡調査会の結論をくつがえす成果は得られなかった。

それが一九八八年、巨大事業で計画した堤防にかかる予定の家屋数十軒が移転し、更地になった広範囲な場所を発掘してみると、大規模な堀跡がみつかったのである（**図9**）。

## 二重の堀と大量の出土品

遺跡は、北上川から一〇メートルほど高い河岸段丘上にある。西側には「猫間《ねこま》が淵《ふち》」とよんでい

**図9 ● 内堀の調査風景**
平泉館の最終時期には、写真中央のベルトコンベアのむこう側で作業している箇所の地面ぐらいまで埋まっていた。1989年の第23次調査。

る沢がかってあり（現在は埋もれている）、北西から南東にのびる約七五〇メートルの細長い形をした天然の要害ともいえる地形である（図10）。

その中に、幅一〇メートルにもおよぶ巨大な二重の堀があらわれた。堀の内側には、塀で区画した地区があり、さらに池も設けている。そして、そこからはかわらけや各種陶磁器、木製品、金属製品といった遺物が大量に出土した。柳之御所跡の発掘調査は、連日のように新聞紙面をにぎわすようになっていく。

最終的に、堀内部地区の広さは約六万平方メートル、堀外部地区の広さは約五万平方メートルという、一二世紀のつわものの遺跡としては全国でも稀有な大遺跡が姿をあらわした。発掘調査の指導委員長をつとめた藤島先生は、「柳之御所跡は平泉館で

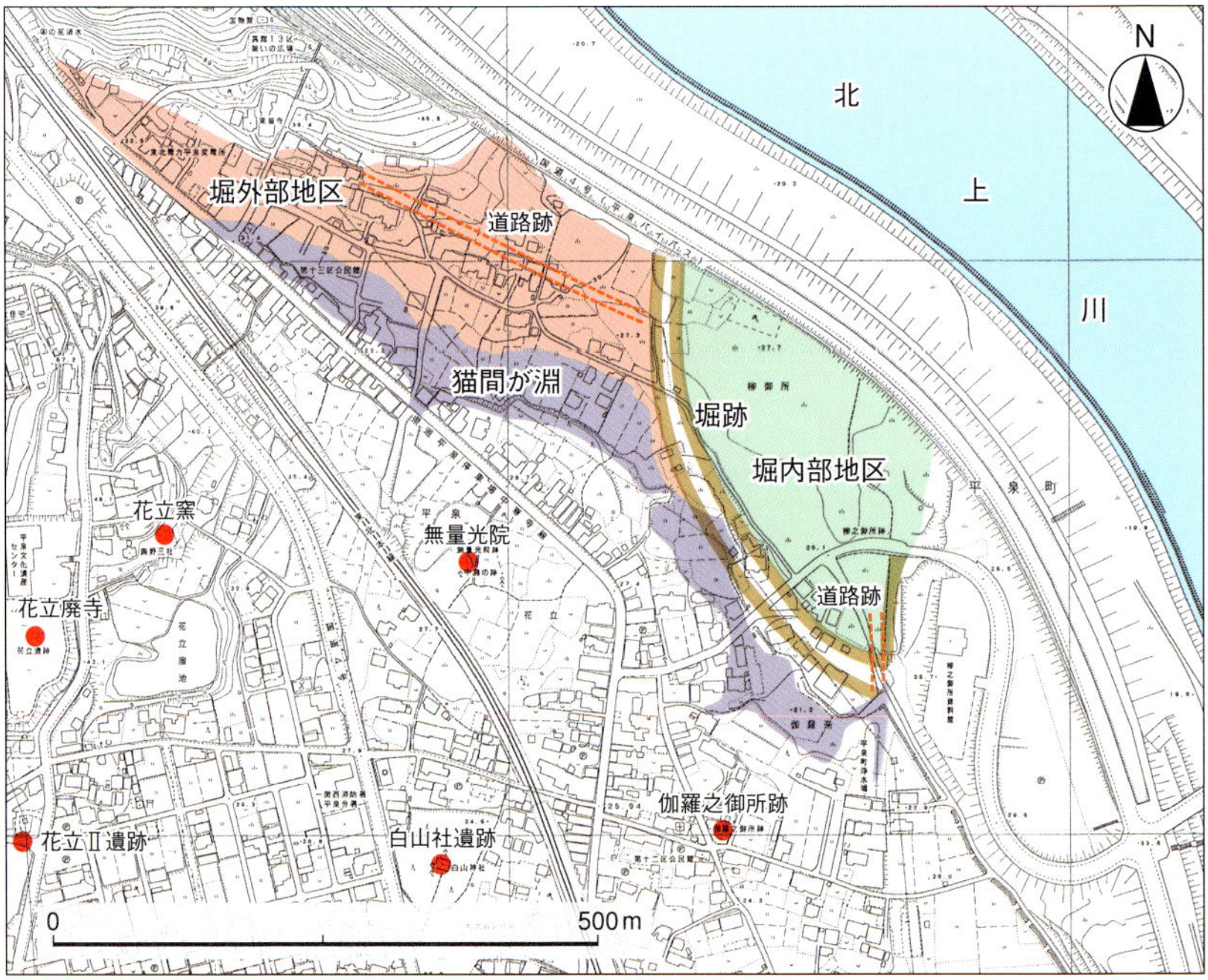


**図10 ● 柳之御所遺跡と周辺遺跡**
堀内部地区の北側と東側は、北上川によって遺構がある程度削りとられていた。
現在北側には、北上川を埋め立てて建設したバイパスが走っている。

ある」と断じている。

この発見に、平泉町民や歴史学関係者は、建設省に対して事業計画の変更と遺跡保存を要望し、粘り強い交渉を続けた。そして一〇万人を超える遺跡保存を求める署名が集まったこともあって、ついに建設省は堤防とバイパスのルート変更を決定し、遺跡は保存されることになった。その後の一九九七年、柳之御所跡は「柳之御所遺跡」として国史跡に指定されたのである。

## 2　柳之御所遺跡の特色

### 堀でかこんだ館

発掘調査の結果、この堀は全長約五〇〇メートルにもおよぶと推定できた。外堀は幅五メートル、深さ三メートルほどあり、断面の形はV字から逆台形をしている。これに対して内堀は、断面の形は外堀と類似するものの、幅は広いところで一〇メートル、深さは五メートルと外堀よりも大規模になっている。堀を埋めている土を調べたところ、外堀は一部人為的に埋め戻されているものの、内堀は大半が自然に埋まったことがわかった。

堀を埋めている土から出土した「かわらけ」と遺構の状態から、一二世紀初頭にまず外堀をつくったと考えられる（かわらけとは素焼きの土器のことを指すが、土師質土器《はじしつどき》などの別称がいくつかある）。そして同時期か遅くとも一二世紀中葉に内堀を設けたようだ。両者は並行しており交わる部分がないことから、外堀がある時期に内堀を掘ったことは確実で、一二世紀中葉には二重堀の形態をとっていたと推定できる。
堀内部地区では、現在まで約七〇カ所におよぶ約四万平方メートル以上を調査した。出土遺物は、一二世紀のものが大半を占める。一三〜一五世紀のものは皆無で、一六世紀後半になってやっとふたたび遺物が出はじめる。こうしたことから堀内部地区は、平泉藤原氏に限定できる遺跡である。

堀外部地区は、最初に堀内部地区から中尊寺に向かう東西に走る道路を設けた時代があり、その後その道路の南北を溝によって区画する時代、そして最後にこの区画溝を埋めた時期に分けられる。

出土遺物は堀内部地区と同じ傾向であるが、一二世紀前半においては、宗教儀礼で供え物の器を載せるための柱状高台《ちゅうじょうこうだい》の数が多く（図11）、食事に使用した椀などが少ないことから生活感が薄いことがうかがえる。また一三世紀以降の遺物も少ないながらも出土するという、堀内部地区との差異もある。

**図11 ● 清衡時代のかわらけ**
写真奥が柱状高台（口径20cmほど）。真ん中が椀（14cm前後）。手前は小皿（9cm程度）。柱状高台の上に板状の盆をのせ、その上に手前の小皿につまみを入れたものを数個置く。真ん中の椀は酒を飲む杯。

## 四面に庇がめぐる掘立柱建物

堀内部地区は、後世に全面的に削平されてしまっていて、当時の生活面はほとんど残っていなかった。しかし、建物の柱穴《ちゅうけつ》や土坑《どこう》の出土遺物から当時のようすを復元することができる。

柳之御所遺跡からみつかった建物の大半は、地面に穴を掘って直接柱を立てる掘立柱建物であるが、堀内部地区の中心的な掘立柱建物は、いずれも南北に棟が通る（つまり東か西を向いた）配置をしていて、それぞれをつなぐ廊下などの遺構はなく、独立していた。中心部に南北約一五メートル、東西約一〇メートルの馬蹄形をした池の跡がある。

掘立柱建物は中世に広く普及した建物であるが、柱筋の通らないものが多いことから、各地の中世遺跡の立体復元でみられるように精緻ではなく、おそらくは出入りの多い壁で、屋根の形状も少しいびつだったようだ。しかし、かといって粗末な

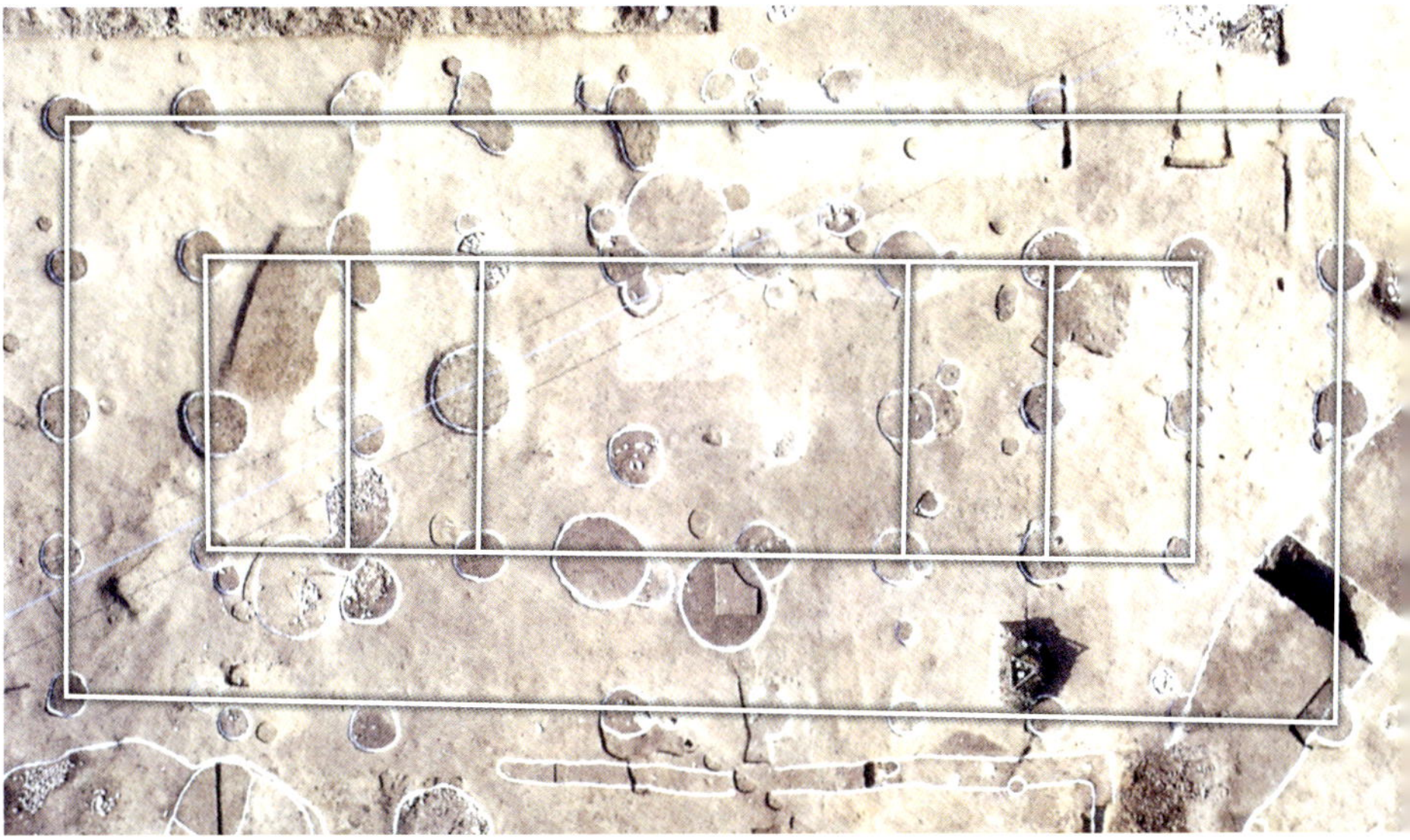

図12 ● 堀内部地区の中心建物
最大の四面庇建物。南北に長く、西日が直接差しこむため、日常の生活には不向きであることから、生活空間とは別の用途で建てられたものであることは疑いない。内部はいくつかの部屋に分けられる。

建物ということではない。後に鎌倉幕府がおかれた鎌倉市で発見されている建物は、地下に柱穴などの痕跡がないバラック的な板壁の建物だったと考えられることから、掘立柱建物はむしろ上位に位置づけられる強固な建物であったといえる。

柳之御所遺跡でみつかった掘立柱建物の大きな特徴は、「四面庇建物《しめんびさしたてもの》」が多いことである（図12）。しかも一二世紀前半と考えられるものや、柱間が三メートルを超える大型のものがあるのもこの遺跡のみである。

四面庇建物とは、字のごとく四面に庇がめぐる建物のことであり、儀礼などに使用された建物と考えられている。鎌倉市では一棟もみつかっていないことから、古代から中世初期にかけてのみ存在し、さらに武士の勃興と深くかかわっている建物といえよう。

一方、柳之御所遺跡からは寝殿造《しんでんづくり》の建物跡はみつかっていない。寝殿造とは、上位の平安貴族の邸宅に用いられたと想定される建築様式で、複数の建物を廊下でつなぎ、その南側に広場や庭園などがともなうものだ。当時の京都最大級の寺院とくらべても遜色のない寺院を造営した平泉藤原氏であったが、柳之御所遺跡にかぎらず平泉町内からは、寝殿造の建物はいっさい発見されていない。ここまで調査が進んでもみつかっていないということは、寝殿造が平泉には受容されなかったことにほかならない。つまり、つわものたちは平安貴族同様の社会を目指したわけではなかったのである。

## 大量にみつかるかわらけ

平泉で一番多い遺物は「かわらけ」である。

かわらけは、一度使うと水分などを吸収して使用した痕跡が残ることから、真新しい器を重んじる儀式や重要な宴会などのハレの場で、一回かぎり使用する器として用いられた。清少納言は『枕草子』のなかで、「きよしとみゆるもの（穢れのないもの）」の真っ先にかわらけをあげている。

こうしたことから、一度使用したかわらけは再利用せずに井戸跡などに完形のまま大量に廃棄することが多い。儀式や宴会の後の一括廃棄である。柳之御所遺跡では、こうした廃棄の遺構が数多くみつかっている（図13）。

二〇点以上の完形品が出土した廃棄遺構が、堀内部地区で二五基、外部地区で二基あった。そのうち堀内部地区では一〇〇点以上出土した遺構が五基もあった。一〇〇点にわずかに足りない一括廃棄遺構もあり、また最大のもので三五〇点ほど

**図13 ● かわらけの一括廃棄遺構**
堀内部地区の竪穴建物でみつかったかわらけの一括廃棄。
多くの場合は、井戸などに廃棄される。

出土している遺構もある。

　出土したかわらけは、飯を盛ったり酒を注ぐ杯などの大きめのものと、菜やつまみを盛る小さめのものがあり、製法ではロクロを使った「ロクロかわらけ」と手で形を整えた「手づくねかわらけ」がある（**図14**）。

　一二世紀前半はロクロを用いたもののみだが、中葉になると、手づく

**図14●ロクロかわらけ**（上）**と手づくねかわらけ**（下）
ロクロかわらけは12世紀中葉、手づくねかわらけは後葉のもの。ロクロかわらけは大型のものが口径15cm前後、小型のものが9cm前後、手づくねかわらけは大型のものが13cm前後、小型のものが8cm前後。平泉のかわらけにくらべて、京都のものはより白く、鎌倉のものは赤い。

ねかわらけが導入され、やがてそれらが席巻するようになる。

ロクロかわらけは、在地の官衙《かんが》（多賀城などの日本国の出先機関）の土器の流れをくむものであるが、手づくねかわらけは平安京の系譜に連なる。しかしながら、導入期の手づくねかわらけは同時期の平安京のものにくらべて口径が大きく分厚いので、平安京のかわらけ工人が平泉にやって来てつくったものではなく、平安京から少数もちこまれた手づくねかわらけを模倣して、平泉のロクロかわらけ工人がつくったものといえる。

そしてその少数の手づくねかわらけをもちこんだのは、平泉に多数いた京下りの貴族たちであろう。彼らが主従関係を結ぶ場としての宴会の重要性を説き、さらにそこで使う道具として、平安京の権威をまとった手づくねかわらけを勧めたと考えられる。こうして手づくねかわらけは、平泉のロクロかわらけ工人によって大量に模倣生産されていくことになる。

さらに柳之御所遺跡では、甕や壺も数多く出土する（図15・16）。これらはフクロモノとよば

**図15 ● 常滑大甕**
平泉町内で最初に完形に復元できた大甕（口径50cm、高さ70cm程度）。常滑編年2形式の甕で生産年代は1150～1175年。

れるもので、つまり貯蔵具である。常滑窯《とこなめよう》や渥美窯《あつみよう》（ともに愛知県）のものが大半を占めるが、海外から輸入された希少なものも少なくない。

桶が存在しない平安時代、大甕は大型貯蔵具として珍重された。常滑焼と渥美焼の大甕はその代表格であり、一二世紀にかぎれば平泉が最大の消費地である。そしてその大甕では、すべてとはいわないが酒が醸造されたと考えられる。その酒を宴会で用いるために移動可能なように小分けにするものが壺である。入手困難な高価な壺は、参集した人びとの目に権威の象徴として映ったことだろう。

**図16 • 白磁四耳壺**（はくじしじこ）
中国福建省産で12世紀後半のもの。首付近についているのは漆をしみこませた麻布で、四耳壺をベースにして漆で塗りかためた陶胎漆器をつくろうとしたものだろう（高さ26㎝）。

## 3 平泉館の系譜

### 館とは何か

「館」とは、漢字の意味としては役所のことで、本来は、官衙に赴任してきた国司の住まいを指していた。国司は、そこから官衙の政庁に出勤したのである。陸奥国府多賀城の発掘調査では、多賀城の南側に広がる国府域から国司館跡がみつかり、四間×九間の大規模な四面庇建物があったことがわかっている（図17）。

ところが、徐々に官衙の力が弱まるにつれて、つわものたちも館を構えるようになる。『奥州後三年記』によると、後三年合戦のころには、「きよはら眞ひらがたち」（清原眞衡館）という表現がみえ、国司源義家が国司館を構えていたにもかかわらず、清原氏が別の館を設けていたことがわかる。

官衙が衰退すると、そこの役人であったつわものたちは官衙の権威を継承し、自らを正当化していく。おそらく彼らは、国司を補佐する役人名の「大夫」ではなく、「御館《みたち》」とよばれたのであろう。

## つわものたちの館の系譜

それでは、平泉館のような堀でかこむ館はどこからきたものであろうか。

図17 ● 復元された多賀城の国司館
多賀城全盛期に設けられた４間×９間の大型四面庇建物。安倍氏が設けた四面庇建物は、４間×５間が中心であることから、若干時代が下り、小規模になった国司館を模倣したと考えている。

平泉以前の施設をみると、鎮守府胆沢城の敷地は先にみた志波城と同じく方形をしていて、周囲には土を固めた築地塀がめぐっていた。胆沢城にも堀があったが、それはあくまでも築地塀をつくるための土採り跡である。また、出羽の前線基地である払田柵《ほったのさく》（秋田県大仙市《だいせんし》）は、地形に合わせた長楕円形の形をしているが（図18）、境界には一辺三〇センチ程度の杉角材をびっしり立てならべてかこっていた。このように官衙施設は、平泉館のような地形に沿った堀という形態ではない。

一方、つわものたちの拠点はどうだったろうか。安倍氏の重要拠点であった鳥海柵《とのみのさく》遺跡（岩手県金《かね》ケ崎《さき》町）は、直線もしくはL字型の堀をめぐらせている。これに対して、清原氏の館と考えられる大鳥《おおとり》井山《いやま》遺跡（秋田県横手市）は地形に沿った堀を設けていた（図19）。これは、安倍氏が胆沢城の直線的な築地塀を、清原氏が払田柵の地形に沿った角材列を、それぞれ模倣した結果と考えられ

図18●払田柵の全景
水田のなかの左右二つの丘陵全体が払田柵。さらに二つの丘陵全体をかこむように楕円形の外柵があった。右丘陵の真ん中に政庁跡がみえる。

る。

時間的にみると、胆沢城と鳥海柵遺跡の間には一〇〇年ほど開きがあり、その間をつなぐ遺跡・遺構はみつかっていないが、出羽国では、払田柵が衰退しはじめると大鳥井山遺跡の北部地区が胎動を開始することが出土する土器から確認されており、その流れに断絶はない。

こうしてみると、清衡の平泉以前の拠点である豊田館は発見されていないものの、柳之御所遺跡の堀は大鳥井山遺跡の系譜を引くことは明らかだろう。

問題は、清原氏や平泉藤原氏の館が築地塀や角材列ではなく、なぜ堀に変化したのかということである。おそらくは構築の技術と費用、時間が築地塀ほどかからないことが理由であろう。また胆沢城などが衰退したことによって治安が悪化し、堅固な囲郭施設が求められた社会情勢が背景にあったと考えている。

**図19 ● 大鳥井山遺跡の二重堀**
写真中央に外側の堀の土橋がみえる。その左側の堀内部は逆茂木（さかもぎ）でかこまれ、そのなかに櫓門を設けていた。

このように堀は、官衙に端を発し、つわものたちの中で進化し、彼らの館のシンボリックなものとなったといえる。

官衙の政庁が衰退すると、多くの儀礼は国司館でおこなわれたはずである。その段階の国司館をみて、つわものたちも自らの館に四面庇建物を建てた。安倍氏の鳥海柵遺跡、清原氏の大鳥井山遺跡からみつかった四面庇建物跡（図20）は、現在のところ国司以外がつくったもっとも古い四面庇建物跡である。

しかしそれらは、柱穴が小さい、柱筋が通らないなど、官衙のものとは一見して異なる。その後の柳之御所遺跡の堀内部地区において、複雑に重複している四面庇建物を整理すると、もっとも古いものは四間×五間の形態をとるが、後半に近づくと四間×七間という長いものや庇の出が短いものなどがあらわれる。基本的に柱穴はそれほど大きくなく、柱筋が通らないものが大半だが、四間

**図20 ● 大鳥井山遺跡の四面庇建物跡**
横手盆地をみわたせる大鳥井山山頂でみつかった4間×7間の四面庇建物跡。柱筋がすべて通る精緻な建物である。

×九間の大型四面庇建物（図12参照）は、その規模や精緻に柱筋が通ることから、堀内部地区の中枢を担う建物といえる。以上から、堀内部地区は平泉館である。

## つわものの館の到達点

そして、建物の拡大に比例して、かわらけの一括廃棄の規模も大きくなっていく。つまり四面庇建物の中では、宴会がおこなわれており、その参加人員が徐々に増えていったのである。つわものたちの宴会とは、儀礼をともなうものであり、上下関係を確認し合意形成する場であった。上下関係は席次によってあらわされ、その序列を参加者全員が確認するのである。現代の披露宴の席次は、その名残り。つまり宴会は、当時の政治そのものといえよう。

つわものたちは、主従関係を結ぶことで強硬なつながりを有するようになり、やがて最終的に鎌倉幕府を開く。その主従関係を媒介したのが宴会である。後三年合戦に際して、勇猛に戦った者は「豪の座」、臆病に逃げまわった者は「臆の座」に座らせたという逸話が『奥州後三年記』に記されている。さらに後の源頼朝は、座を二列対座という極端な形にし、上下関係を明確にし、合意形成を図ることに利用していったのであった。

このように四面庇建物は、平泉館の中でも政治をおこなう中心的な建物ということになる。また平泉館は、陸奥・出羽の官衙から模倣した堀を有し、安倍氏と清原氏の館の系譜に連なることから、北のつわものの館の到達点といえるのである。

# 第3章　都市・平泉のはじまり

## 1　初代清衡と平泉の選地

### 豊田から平泉へ

後三年合戦が終結したのは一〇八七年、藤原清衡が三一歳の時であった。源義家が陸奥守を解任されたため、清衡は大地を荒廃させた責任をひとり背負うことになる。

新たに陸奥国司となった藤原基家《もといえ》が朝廷に報告した文書では、清衡に合戦の企てがあるとの嫌疑がかかっている。清衡の立場は非常に不安定だった。おそらく彼は、陸奥と出羽を行き来し、戦後処理に努め、在地の豪族たちとの融和をはかったことだろう。また関白藤原師実《もろざね》に馬を献納するなど、朝廷への政治工作も欠かさなかった。

近年の研究によると、奥羽における対立が鎮まり安定化に向かうのは一〇九九年以降とされている。そうなると清衡が平泉へ進出したのは、一二世紀初頭ということになる。

清衡は、江刺郡にあった豊田館から磐井郡の平泉に移り住んだ。この豊田館がどこにあったかは特定されていないものの、奥州市江刺区にその一端を垣間見ることができる。

平泉より北に二〇キロ奥まった北上川中流域の胆沢平野をみおろす丘陵上に、豊田館跡とされている豊田城遺跡がある。ここからは在地のものではない一二世紀後半の珠洲焼《すずやき》の大日如来塼仏《せんぶつ》が出土している（**図21**）。平泉に移ったのが一二世紀初頭であるから豊田館とは年代が合わないが、平泉に移った後も地方拠点として存続していたとみれば、この地に豊田館があったことをうかがわせる遺物といえる。

また豊田城遺跡から一キロほど離れた場所に、五位塚《ごいづか》とよばれる経塚《きょうづか》（お経を埋めた塚）群がある。そこからは一一世紀後半から一二世紀前半の高級な白磁四耳壺が出土したと伝えられている（**図22**）。豊田館の年代に合致し、清衡とのかかわりを連想させる。また近隣の大日堂前《だいにちどうまえ》遺跡からは、かわらけや白磁などの多数の一二世紀の遺物が出土している。な

図21 ● **大日如来塼仏**
彫りこんだ木型に粘土を詰め、型どりしてつくったもの。同様のものが西日本で数カ所から発見されている。本来は厨子に収めるなどして祀った。

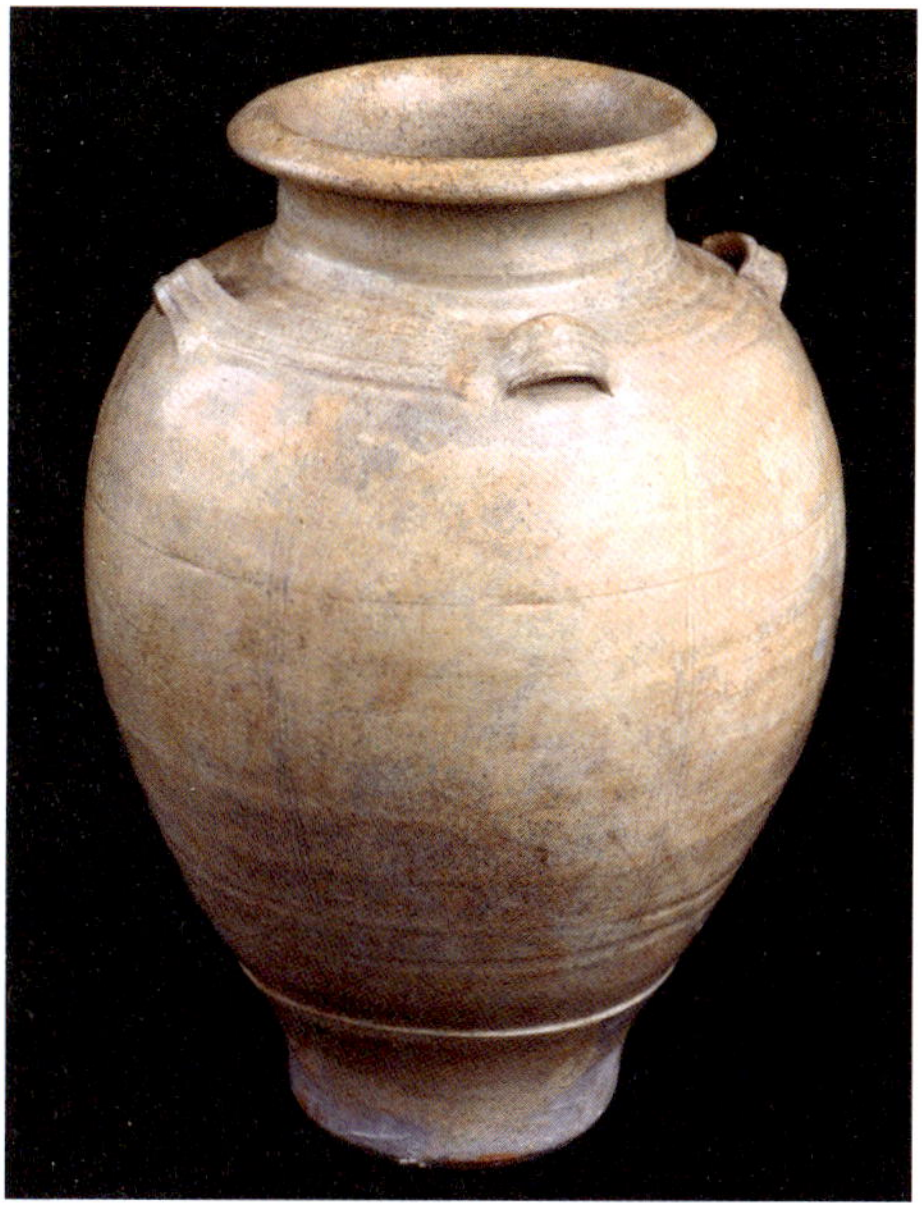

図22 ● **五位塚出土の白磁四耳壺**
中国広東省産で、11世紀後半から12世紀前半につくられた（高さ約27cm）。

かでも一二世紀前半の柱状高台は、一般の生活遺跡からは出土しないことから、館が近隣に存在したことを示すものであろう。

さらに、中尊寺の経典のなかに清衡発願による紺紙金銀字交書一切経《こんしきんぎんじこうしょいっさいきょう》（図23）があるが、そのなかには江刺郡益沢院《ますざわいん》にて書写したという奥書のものがある。この益沢院も特定されていないが、豊田館があった江刺郡の文化的レベルの高さを物語るものであろう。

では、なぜ清衡は平泉へ館を移したのか。それは、縁起のいい四神相応の地形というよりも、陸奥・出羽を実効支配できる交通の要衝地、すなわち南北路はもとより太平洋や日本海に通じる東西路、さらにこの地方最大の北上川との結節点という平泉の地勢にあった。

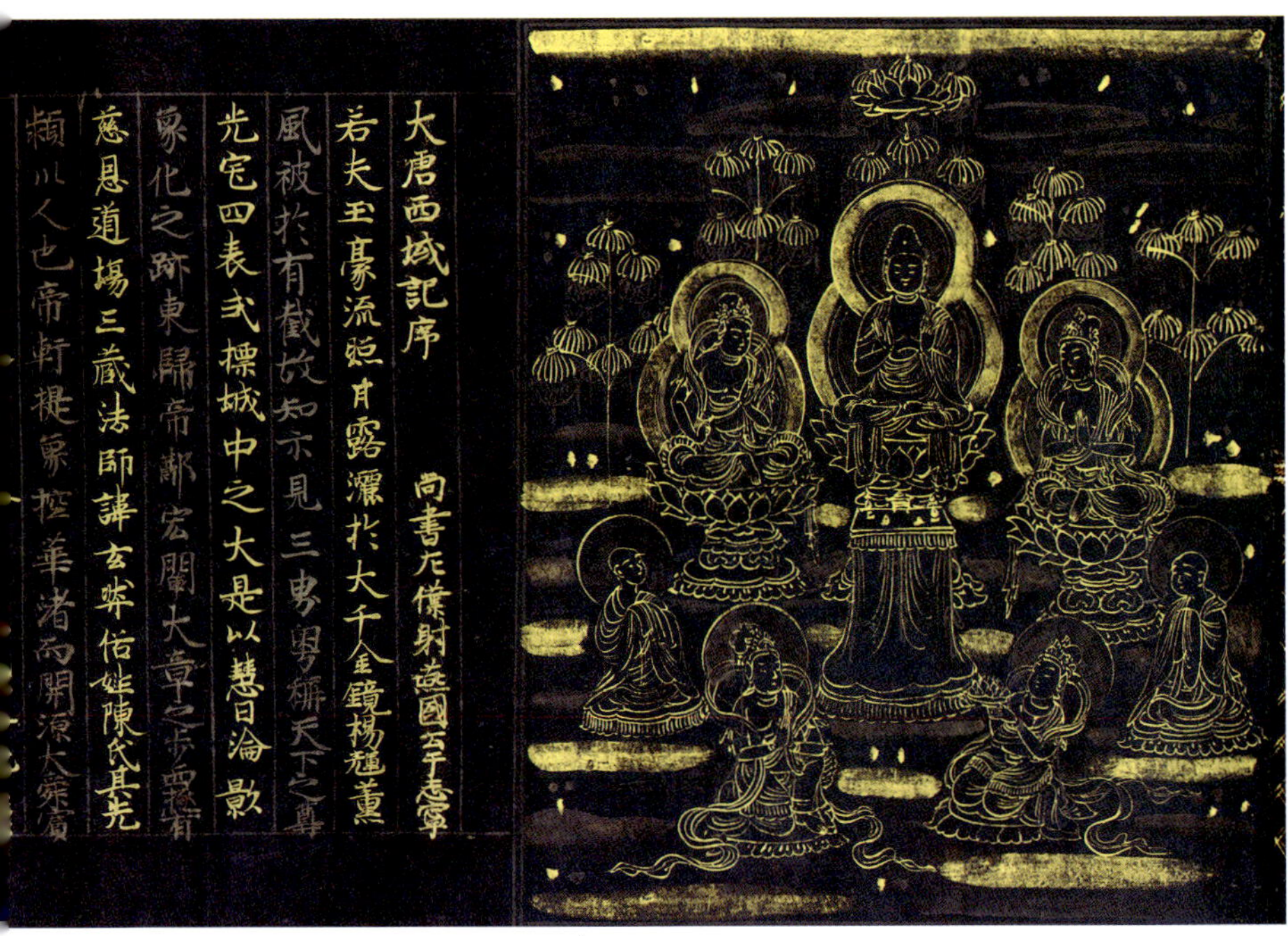


**図23 ● 紺紙金銀字交書一切経**
本来は5300巻ほどで構成されていたと考えられているが、4600巻が今に伝わっている。国内唯一の金銀字一切経で、平泉藤原氏の財力と大陸とつながるブレーンがいたことがわかる。

また、かつて安倍氏や清原氏の拠点であった奥六郡の最南端、衣川から一歩南へ踏みだして、日本国の支配がある程度固まっていた磐井郡の地に拠点を移すことができたのは、清衡の存在と権力を日本国が認めたためになしえたことである。

## 清衡時代の平泉館

さて、清衡のころの平泉館はどのような施設だったのか。柳之御所遺跡の発掘調査によると、一二世紀前半は、外堀はあったものの内堀は不明で、また堀内部地区に塀はなく、四面庇建物が二棟程度あるだけだったことがわかっている（図24）。

堀外部地区でも、区画溝ができる前で、中尊寺へと向かう道と、そのまわりにわずかに空間が広がるのみである。

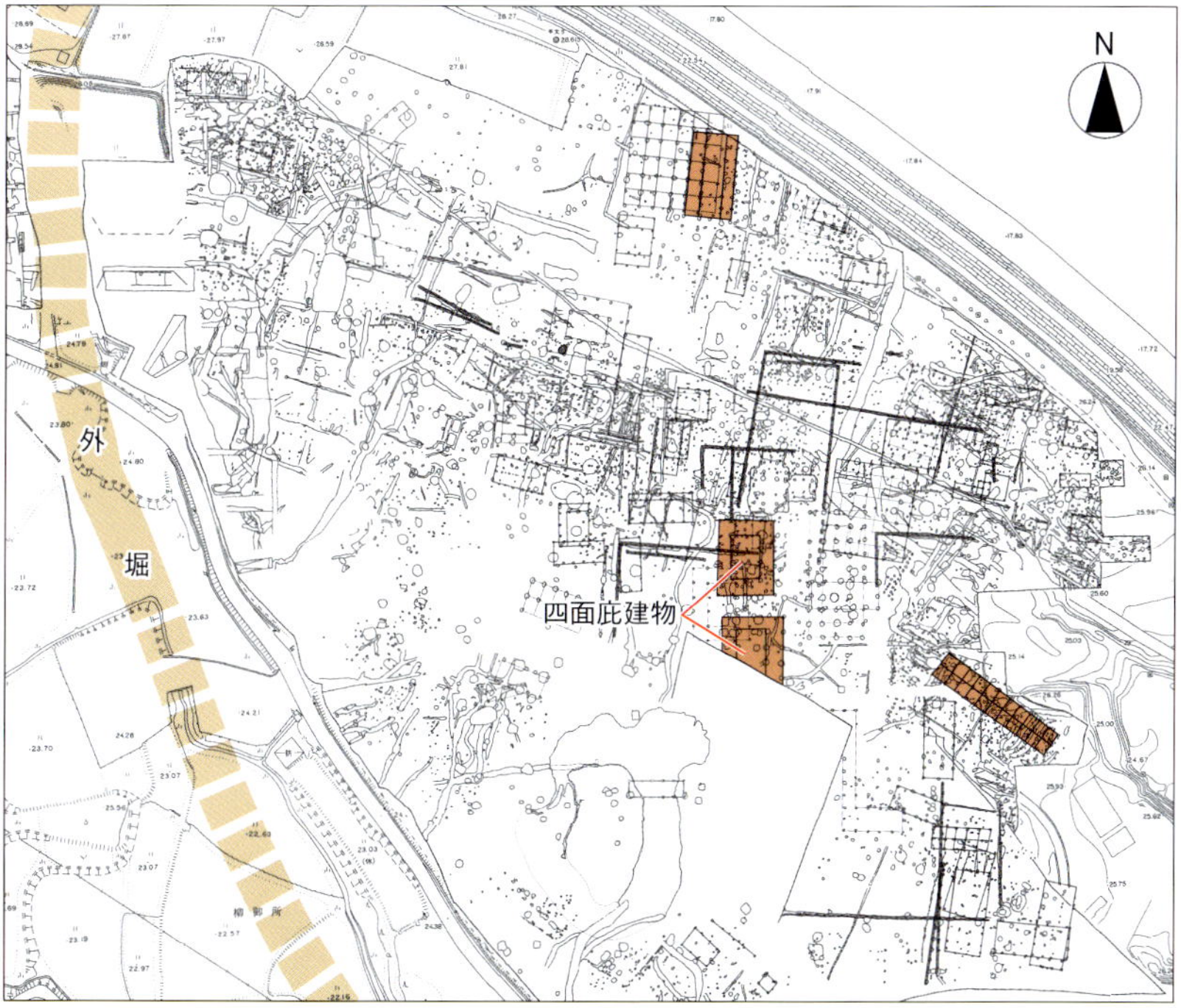


**図24 ● 清衡時代の平泉館**
もう少し建物があったと思われるが、清衡時代の建物のみを抽出することはむずかしく、確実なもののみを示した。

出土する遺物をみても、酒を大量につくるための大甕や、中世の食事の特色である粉食をつくるための片口鉢《かたくちばち》がまだ存在しない。出土遺物や遺構面からもそれほどの人が住んでいたとは考えられない。このころの主要な建物は平泉館と中尊寺のみであり、中世都市としては黎明期であった。

## 2　中尊寺の造営

### 一基の塔の建立

一方、清衡のころの平泉の特質は、なんといっても中尊寺の造営である。

しかし、中尊寺では建物の全体像がわかる礎石建物跡は一つもみつかっていないし、記録と合致したものもない。それは、発掘調査がおこなわれたのが一九五九年から一〇年間と古いことと、九〇〇年にわたって宗教活動を続けてきた古刹であるため、後の攪乱が著しいことなどによる。それでも境内の真珠院《しんじゅいん》や金剛院《こんごういん》などからは、手づくねかわらけを含まない清衡の時期の大小のロクロかわらけや、柱状高台が多数みつかっていることから、間違いなく伽藍は存在したはずである。

このように考古学的に中尊寺を明らかにするのはむずかしいが、文献史料なども援用しながら、中尊寺の造営についてみていきたい。先にもとりあげた『吾妻鏡』文治五年（一一八九）九月一七日条にある「寺塔已下注文」によると、清衡は平泉に移るとまず中尊寺を創建し、南は白河関《しらかわのせき》（福島県白河市）から北は外《そと》ヶ浜《はま》（青森県外ヶ浜町）にいたる東北の主要道・奥大道《おくたいどう》の中心を計って、「関山《かんざん》」の山頂に一基《いっき》の塔《とう》を立てたという。一一〇五年ごろのことである。「関山」とは中尊寺の山号で、おそらく平安時代にその地勢から関所があったことから名づけられたと考えられる。そして関山の中を奥大道が通っていた。塔があった場所は特定できていないものの、東北の中心部の山頂に象徴的な塔を立てたということは、東北地方を治めることに対する清衡の意思表示にほかならない。さらにこの塔は、国見山廃寺の塔との関連も指摘されており、安倍氏の権威の継承も意味した可能性がある。

そして、この塔から南北にのびる道の一町（約一〇九メートル）ごとに、金色の阿弥陀像を描いた笠卒塔婆《かさそとば》を立てたという。この笠卒塔婆は、現存するものがないことと、すべてに立っていたとするならば数千本にもおよぶことから、最近まで伝説と考えられてきた。

ところが近年の研究によって、平泉にかぎらず、ほかにもこのような記録があることが判明しており、また石川県珠洲市の野々江本江寺《ののえぼんこうじ》遺跡からは、一二世紀と推定される

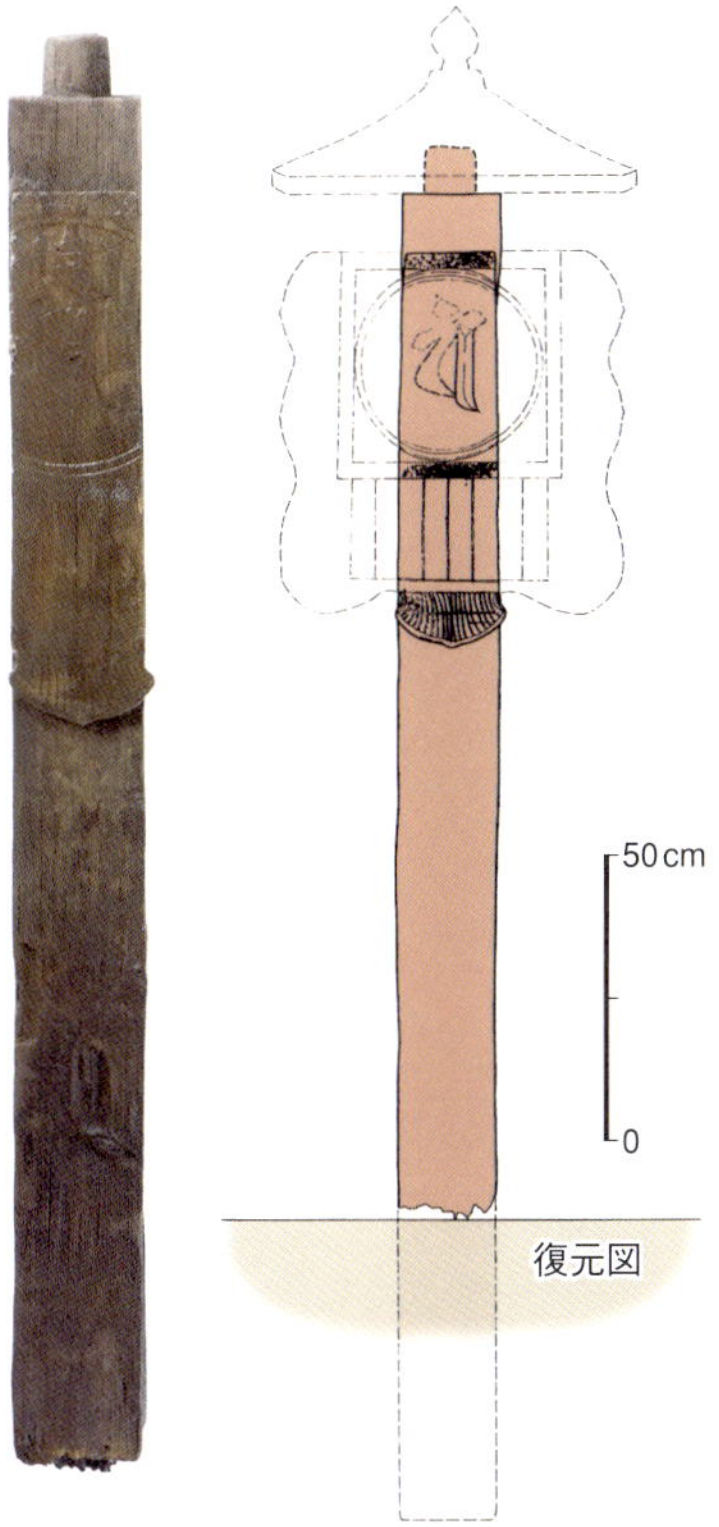


**図25●野々江本江寺遺跡出土の笠卒塔婆**
上部にほぞがついていることから（左写真）、上に屋根状のものがついていたと考えられている（右イラスト）。

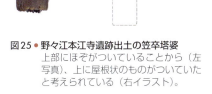

笠卒塔婆が出土した(図25)。その一つの長さは、下部が切断されているが、現状で一・九メートル、幅約一八センチ、厚さ一二センチある。また類似した阿弥陀像を描いた一二世紀の六角《ろっかく》木幢《もくどう》が、長野県千曲《ちくま》市の社宮司《しゃぐうじ》遺跡から出土している。これは六角柱の上に木造の宝珠《ほうじゅ》・笠を置き、同じく木製の蕨手《わらびて》・風鐸《ふうたく》・風招《ふうしょう》などの装飾部品をつけた、石の塔婆(石幢《せきどう》)出現前の木製仏塔である。

中尊寺の笠卒塔婆も、おそらくこうしたものであり、実在したのであろう。しかしながら福島県から青森県まで立っていたとは、その本数や維持管理の面からとうてい考えられない。笠卒塔婆は、平泉内と日本国の力がおよびにくい平泉以北に立っていたのではないだろうか。

## 二階大堂・経蔵・金色堂

一一〇七年には、三丈の阿弥陀如来を中尊とし、丈六阿弥陀如来九体を脇侍とした巨大な二《に》階大堂《かいたいどう》が完成する。現在も中尊寺に伝わる丈六阿弥陀如来坐像は、この脇侍の一体であった可能性がある。

高さ五丈(約一五メートル)という巨大な堂は阿弥陀堂であることから、南北に長い東向きの建物と考えられる。二階大堂があった場所は不明だが、このような大型の建造物を建てることが可能なスペースは、現在の白山神社能舞台付近をおいてほかにはなく(図29参照)、その一部と考えられる礎石が数個みつかっている。ちなみに、後にこの堂をみた源頼朝は非常に驚き、鎌倉に二階堂ともよばれた永福寺《ようふくじ》を建立した。現在も鎌倉には二階堂という地名が残っている。

　その後、一一二二年には、他に例をみない紺紙金銀字交書一切経蔵が落慶した。一切経とはすべての経という意味であり、五三〇〇巻ほどで構成されていた。現存する経箱は一〇巻しか収まらないので、五三〇箱を納めた堂ということになる。場所は特定されていないが、金色堂近隣の現経蔵付近か、一段下の大池周辺にあったと考えられる。

　そして一一二四年には、類例のない全体を金箔で包んだ金色堂が上棟した。阿弥陀如来を祀り、清衡みずからが西方極楽浄土に往生することを願っての施設であった（図26）。最終的には、須弥壇《しゅみだん》が増築され、藤原氏

**図26 ● 中尊寺金色堂の内陣**
1124年に上棟した1間四面堂である。当初は清衡の遺体を納める中央壇のみであったが、むかって左側の基衡壇、そして右側の秀衡壇と須弥壇が増設された。

三代のミイラが納められている。このように遺体のまま葬る堂は、現存するものはほかにないものの、当時の京都には何例かあったことから、それほど特殊な建造物ではなかったようである。

しかし、その荘厳は贅をつくしている。ガラス玉、夜光貝《やこうがい》、象牙、東南アジア産の紫檀《したん》などあげればきりがない。棟木《むなぎ》に「大檀《だいだん》藤原清衡　女檀《じょだん》安部氏　清原氏　平氏」との墨書がある。檀とは檀那すなわち出資者のことであり、清衡以外に、安倍氏・清原氏・平氏の三人の女性がスポンサーだったこともわかっている。

金色堂が現在まで遺存してきたのは、一辺が五メートル強という管理しやすい小堂だったことや、旧覆堂《おおいどう》の存在などもあろうが、中尊寺一山僧侶と宗徒の執念ともいうべき信仰心によるものであることは、言うに及ばないだろう。

金色堂よりも一段低い位置には大池跡がある（図27）。大池は未完成とされてきたが、近年の発

**図27 ● 中尊寺大池跡**
中央の木が立っている場所が中島。右側中央の道路に面した細長い水田の畔が、大池の水をせき止める堤防の役割をはたしている。

掘調査により、護岸や水をせきとめる堤防、導水路である遣水《やりみず》の一部、さらに清衡時代のかわらけが一定数完形品で発見されたことから、完成していたことを疑う余地はない。また平安時代には、池だけが単体で存在する例はほとんどなく、寺院をともなっていることが多い。それらは配置から「臨池伽藍《りんちがらん》」とよばれるが、まさしく大池跡も臨池伽藍といえる（図28）。

## 供養願文

金色堂が上棟した二年後一一二六年、清衡は大法要を営み、中尊寺に今も伝わる『供養願文』を読みあげた。

『供養願文』は、完成した堂塔や仏像、鐘、門などの大きさ、装飾、個数、材質などを目録のように示し、後半では「俘囚の上頭《じょうとう》」として出羽・陸奥を平定し、租税を納め、鳥の羽根や毛皮、獣の牙などの貢ぎ物の献上に努めてきたと自らの立場を記す。そして蝦夷も仏善に帰依し、この地は諸仏を礼拝する霊場となった。そして仏教の教えをあまねく普及するこ

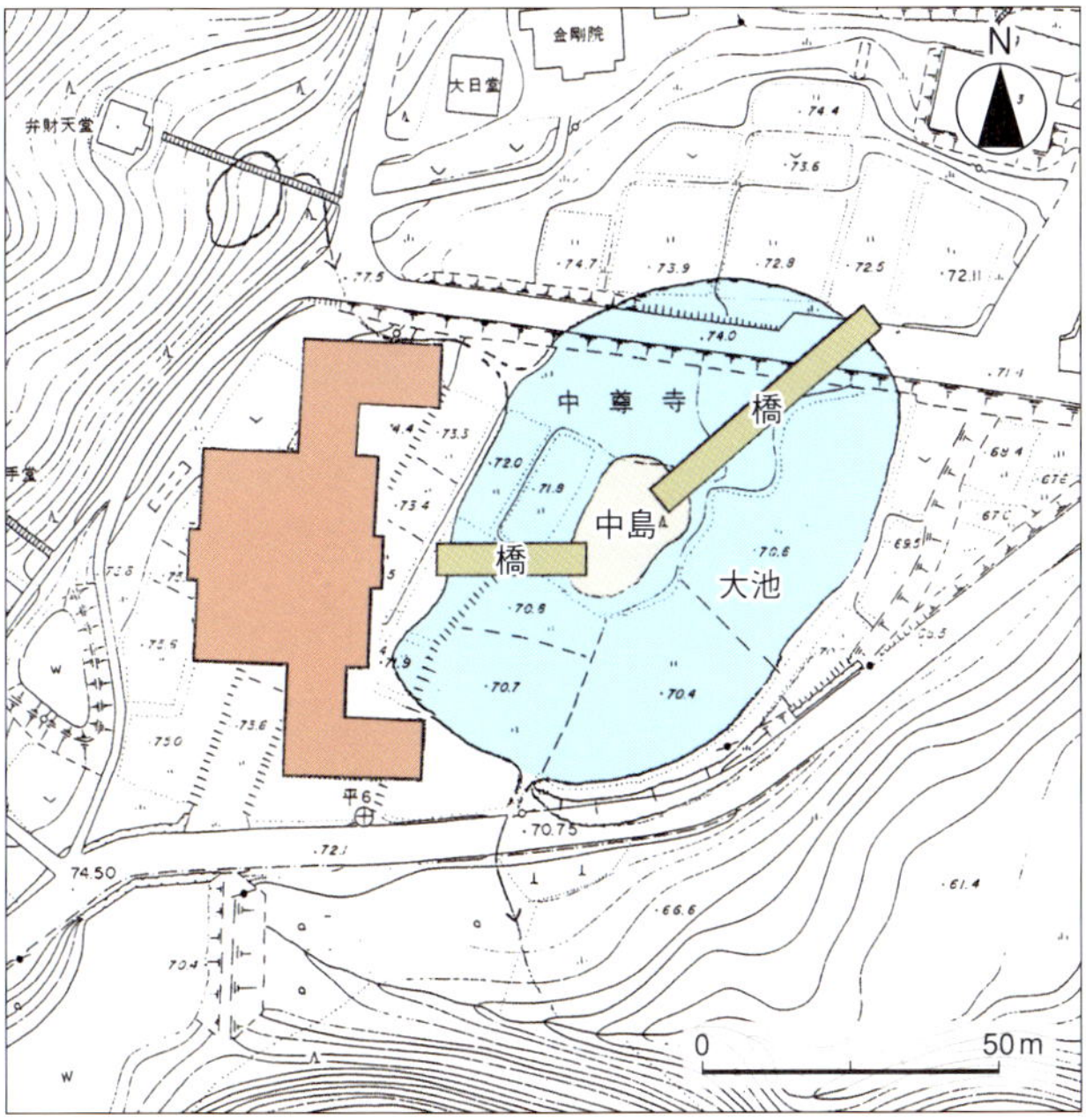


**図28 ● 鎮護国家大伽藍推定図**（冨島義幸氏作図）
園池が完成していたことが発掘調査によって確認された以上、伽藍をともなわないことはありえない。これだけの大きな池に対応できるのは、『供養願文』に記された鎮護国家大伽藍以外に考えられないだろう。

とが私の願いであるとし、最後に白河法皇と鳥羽天皇への賛辞で終わる。

橋が架かる大きな池と翼廊《よくろう》付大伽藍、金銀字交書一切経蔵など、ここに記されている清衡が国家の安寧を祈って建立した「鎮護国家大伽藍」については、記載された伽藍の形状が発掘された毛越寺に類似すること、中尊寺にそのような広い場所がないことなどから、毛越寺のことを書いたものであるという説もあった。しかし近年、毛越寺の発掘成果の再検討により時期が合わないこと、また先にみたように大池が清衡のころに完成していたことが判明したこと、そして何よりも金銀字交書一切経が中尊寺に伝わることから、毛越寺説は否定され、中尊寺にあったと考えられるようになっている。

まだまだ資料が不足しているが、これ

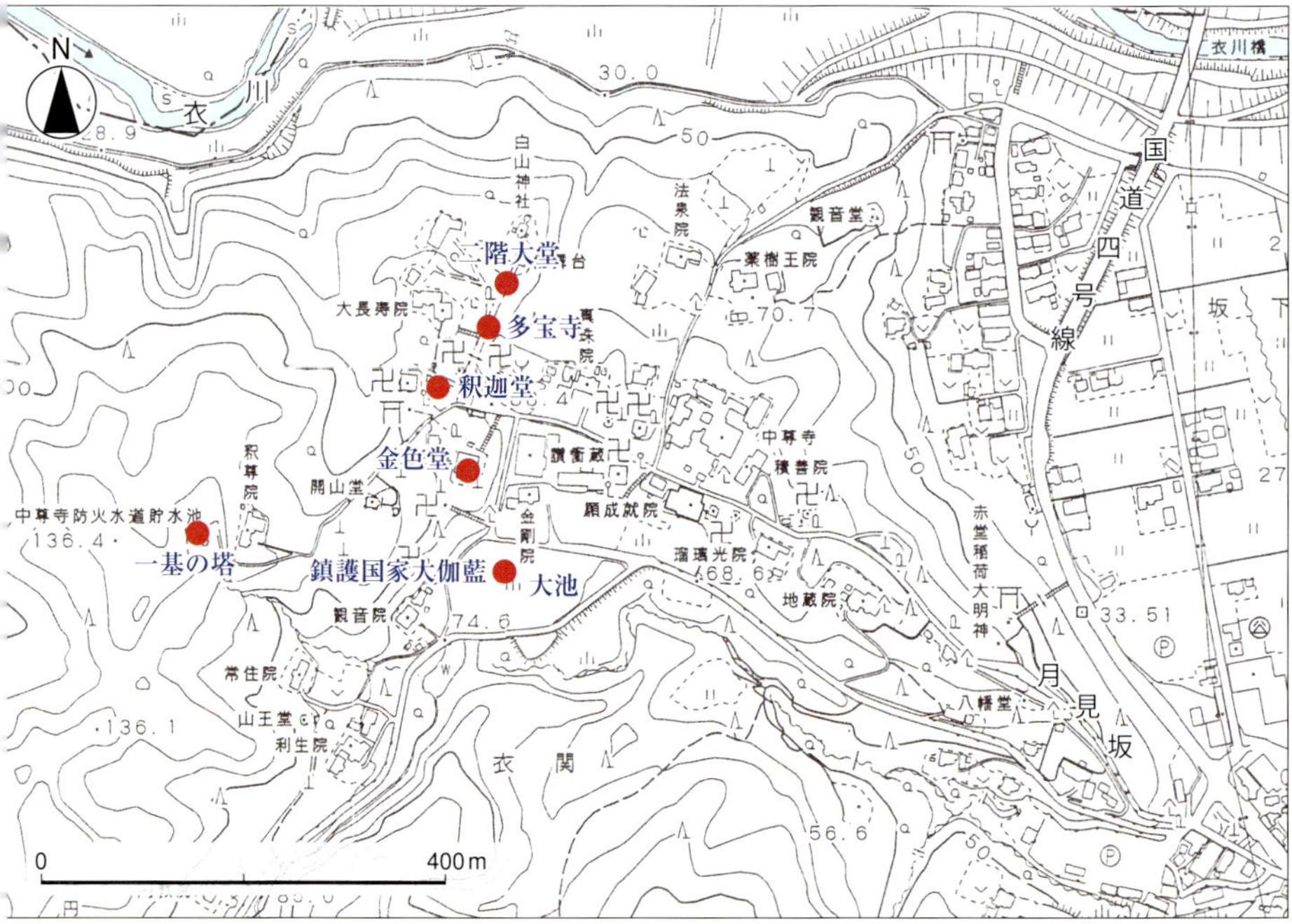


図29 ● 清衡時代の中尊寺

●印が清衡時代のもの。考古学的に確認できているのは、金色堂のほか大池跡しかない。一基の塔と二階大堂はおおよその位置、多宝寺と釈迦堂は推測。

らの考古学データと記録を組み合わせると、清衡の中尊寺造営は、山頂の一基の塔からはじまり、金色堂などがある平場におよび、その下の大池跡周辺で完成したことになる（図29）。つまり高位から中位に進んでいることから、それらは計画的なものだったことがわかる。

清衡の仏教への傾倒は、はからずも一身に背負うことになった後三年合戦の戦争責任、すなわち大地を荒廃させ、自身同様に妻子を失った者や戦争孤児を多数生みだしてしまったことに対する悔恨の念による。「俘囚の上頭」であることと鎮護国家としての仏教の振興、また自らの阿弥陀信仰への傾倒――『供養願文』は広い意味で清衡の施政方針であった。

## 3　北の都

### 面的な広がりへの萌芽

こうして清衡は、平泉館とは離れた場所に単体寺院ではない一大伽藍・中尊寺を造営し、二つを幹線道路で結んだ。

清衡のころのかわらけは、柳之御所遺跡の堀内部地区と中尊寺境内に集中する。両者は平泉の南東と北西に位置し、その間隔は七〇〇メートルほどあるが、直線的な道路で結ばれていたことが、発掘調査によって確認されている。こうしたかわらけの分布様相からも、清衡のころの平泉は、平泉館と中尊寺しかなく、都市とよべるような様相は呈していない。むしろ館の延長のような状況であった。

官衙においても、屋敷地が空間的に広がるのを確認できるのは多賀城周辺だけであり、志波城や胆沢城、秋田城でも判然としない。つまり官衙でさえ、面的な広がりはもたなかったのである。では、鳥海柵遺跡はどうかというと、官衙の模倣で精いっぱいで、やはりまわりには何もない。もっとも柳之御所遺跡に近いと考えられる大鳥井山遺跡には、その可能性がある台《だい》処《どころたて》館跡が羽州《うしゅう》街道をはさんで近接しているが、内容は不明である。

## 清衡の都

平安京から来た人びとは、奥大道を通って中尊寺に向かうと、鎮護国家大伽藍をまず最初に目にすることになる。おそらくはそれらの威容に大いに驚いたはずである。さらに金色堂、二階大堂を目のあたりにして、その財力、文化的な力の大きさに驚嘆したことだろう。

それこそが清衡がねらった効果だった。彼は、都人には平安京の最高のものを、陸奥・出羽のつわものたちには在地の中で生まれた館である平泉館の姿をみせた。それぞれにそれぞれの権威を感じとり、清衡の威に打たれるのである。

平泉館と中尊寺をむすぶ道路跡の南側部分から、花立窯跡《はなだてよう》という同時期の陶器窯群がみつかっている。窯構造と出土遺物の器種構成から、一二世紀第1四半期に愛知県渥美窯の技術を導入したもので、渥美半島から工人が来て構築したと考えられる。出土した器種は椀、大椀、片口鉢、甕であり、小皿や明確な壺は含まれない。そして注目すべきは大椀と甕である（図30）。花立窯跡出土の大椀は、一二世紀になって登場する片口鉢の祖形である。また花立窯跡出土の甕はたいへん小さなもので、輪積み痕跡をみるかぎり生産技術は確立されていない。すなわち黎明期の甕といえる。このような中世に広く用いられる器種の黎明のものを焼成していた窯は、全国的にみても知られていない。中世陶器の淵源にふれる窯が平泉に築かれたこと自体、東北地方のつわものたちの先進性を示すものである。しかし耐火度の低い粘土により、焼成には失敗し、廃窯となっている。

　中尊寺伽藍は、僧侶にかぎらず、維持管理にも多くの人員が必要だったと考えられる。また、中尊寺を維持するには、さまざまな物資も必要となるので、交易も活発化したはずである。このように需要に促されて人が集まってきた結果、中世都市が萌芽するのであろう。しかし、高温になる花立窯の存在は、周辺に重要施設がなかっことを物語っており、まだまだ都市化していないことは明らかである。

**図30●花立窯の製品**
上段は大椀（口径25cm前後）、中段は椀（口径17cm前後）、右は甕（口径32cm）。花立窯の完成品が消費地の遺跡から出土したことはない。

# 第4章　拡大するつわものの都

## 1　二代基衡と平泉の拡張

### 血なまぐさい後継者争い

清衡は一一二八年、その波乱に満ちた生涯を閉じた。『吾妻鏡』は、「一病もないのに合掌して仏号を唱え、眠るように閉眼した」（文治五年九月一七日条）と、まさに極楽へ往生した者の様相であったと伝える。しかしその翌年、清衡が望まなかった後継者争いが起きる。清衡の長男である「小館《こだち》」とよばれた惟常《これつね》と、次男である「御曹子《おんぞうし》」基衡の合戦である。合戦の結末は、基衡に館を攻められた惟常が、子どもと従者二〇人ほどを引きつれて小舟に乗って越後に逃れようとしたが、暴風によって戻ったところを襲われ、父子ともに首を切られてしまったということらしい。

小館とは、御館すなわち清衡に対応する呼称であることから、惟常は跡取りとして自他ともに認める存在で、早くから独立して、清衡とは別の場所に館を構えていたと考えられる。よって手勢も少なく、また新参の者が多かったろう。一方、御曹子とは現在の「御曹司」とは異なり、所領をもたない部屋住まいをさす。つまり基衡は平泉館内に住んでおり、父が亡くなった後、清衡の旧臣たちをまとめあげて合戦に勝利したのである。

安寧を願った清衡の誤算は、その子らが年若かったことだろう。後三年合戦で清衡は、妻子すべてを殺害された。つまり小館と御曹子は、合戦終結後に新たに迎えた妻の子どもである。小館の年齢は三〇歳代と考えられるが、彼が嫡子としての地位を盤石にするためには、清衡がもう少し長生きする必要があったといえよう。

ちなみに三代秀衡は、正妻の子である泰衡に家督を譲る時、異母兄の国衡《くにひら》に自らの妻（泰衡母）を嫁がせることで財産分与をするなど非常に気を使っている。逆にいえば、そこまでしなければ、

図31 ● 観自在王院跡
南から北を眺める。左上に金鶏山がみえる。池岸は玉石などを敷いておらず、遣水も素掘りである。

跡目争いが生じるということなのである。当時のつわもの社会は、嫡子が実際に相続するとはかぎらず、実力主義とでもいうべき部分が多い。源頼朝は兄弟すべてを殺害している。

## 基衡の館はどこにあったのか

現在、基衡の館は毛越寺東隣の観自在王院《かんじざいおういん》（図31）の場所にあったとする説が有力とされている。発掘調査によって、観自在王院跡からはそれ以前の掘立柱建物がみつかっており（図41参照）、基衡の妻が夫亡き後、供養のために館を観自在王院に改変したという。清衡が柳之御所遺跡の館＋中尊寺というセットであったことに対して、基衡は観自在王院以前の館＋毛越寺という新たなセットをつくったという考え方である。

しかし、観自在王院以前の掘立柱建物跡は、柱穴は直径三〇センチ程度、一間×二間以上の細長い建物で、柱間は一・八メートルと館の建物とす

図32 ● 外堀と内堀
左側が外堀で、右側が内堀。一部に水がたまっていた部分が確認されたものの、基本的には空堀。内堀の内側数カ所に土塁があった可能性が指摘されている。

るには貧弱すぎる。また、観自在王院跡からは、かわらけ一括廃棄遺構や四面庇建物、堀がみつかっていない。こうしたことと、クーデターによって政権を奪取したという立場から、基衡の館も柳之御所遺跡の堀内部地区、すなわち平泉館を継承したと考えるのが妥当だろう。

では、基衡時代の平泉館はどのようなものであっただろうか。発掘調査では、基衡前期の遺構は判然とせず、また基衡後期の遺構のみを抽出することは困難なため、「基衡後期～秀衡前期」として示したい。

遅くとも基衡後期になると、内堀を掘り、堀が二重にまわる威容を備えたと考えられる（図32）。堀内部地区では、中心部周辺に幅五〇センチ前後、深さ五〇センチ程度の溝状に掘ったくぼみに板をならべ、ところどころ角材で補強した板塀でかこんだ区画ができる。板の幅は二〇センチ程度、検出された長さは東辺二二メートル、南辺四二メートルである（図33）。

そして塀の内側には、四面庇建物とその南にL字状の池ができる。四面庇建物は、四間×九間の精緻なものと四間×五間のものが並列して建ち、その南側の池は東西一〇メートル、南北一五メートルの規模である（図34）。

**図33 ● 堀内部地区の塀跡**
堀内部地区に最初に設けられた塀跡（図34緑色の塀）。その後、方向を変えながら何回かつくりなおされるが、これがもっとも強固である。

**図34 ● 基衡後期〜秀衡前期の平泉館の遺構と復元CG**
前時期と同じく、通常の生活には適さない南北棟の四面庇建物が設けられる。おそらくは西に位置する金色堂を意識してのことだろう。この時期にはほかにも多くの建物があるはずだが、これら以外に時期を特定するのは困難である。上の復元CGは岩手県教育委員会作成。高屋がない点が本書の内容と異なる。

こうした板塀や玉石護岸をともなう池は、京都の鳥羽・白河などの影響を受けたものである。一一四三年（康治《こうじ》二）、藤原基成《もとなり》が陸奥国司として赴任してきた。基成は当時の政治の実権を握っていた鳥羽院の近臣であり、嫡男秀衡に基成の娘が嫁ぐなど、基衡と基成は良好な関係を築いていく。こうした中で、京風の文化を積極的に受容していったようだ。

一方、堀外部地区では、内部地区から中尊寺へと向かう東西道路の北側に区画溝を掘り、小区画をつくっている。最初の区画（第一区画）は、柳之御所遺跡と地続きの小高い丘の高館のすそ野にあたる。広さは二四〇〇平方メートルほどで、西側斜面を段切り造成している。出土遺物に柱状高台が多いことから、なんらかの宗教施設であったと考えられる。

その後、秀衡の代になると区画が順次成立していくが、第二区画は調査面積が少なく不明、第三調査区は四面庇建物がなく、逆に第四区画は大型四面庇建物が建て替えられるなど異なるうえ、かわらけや陶磁器類の種類や量などに類似性や共通性が認められないことから、それぞれ性格の異なる空間と推定される。

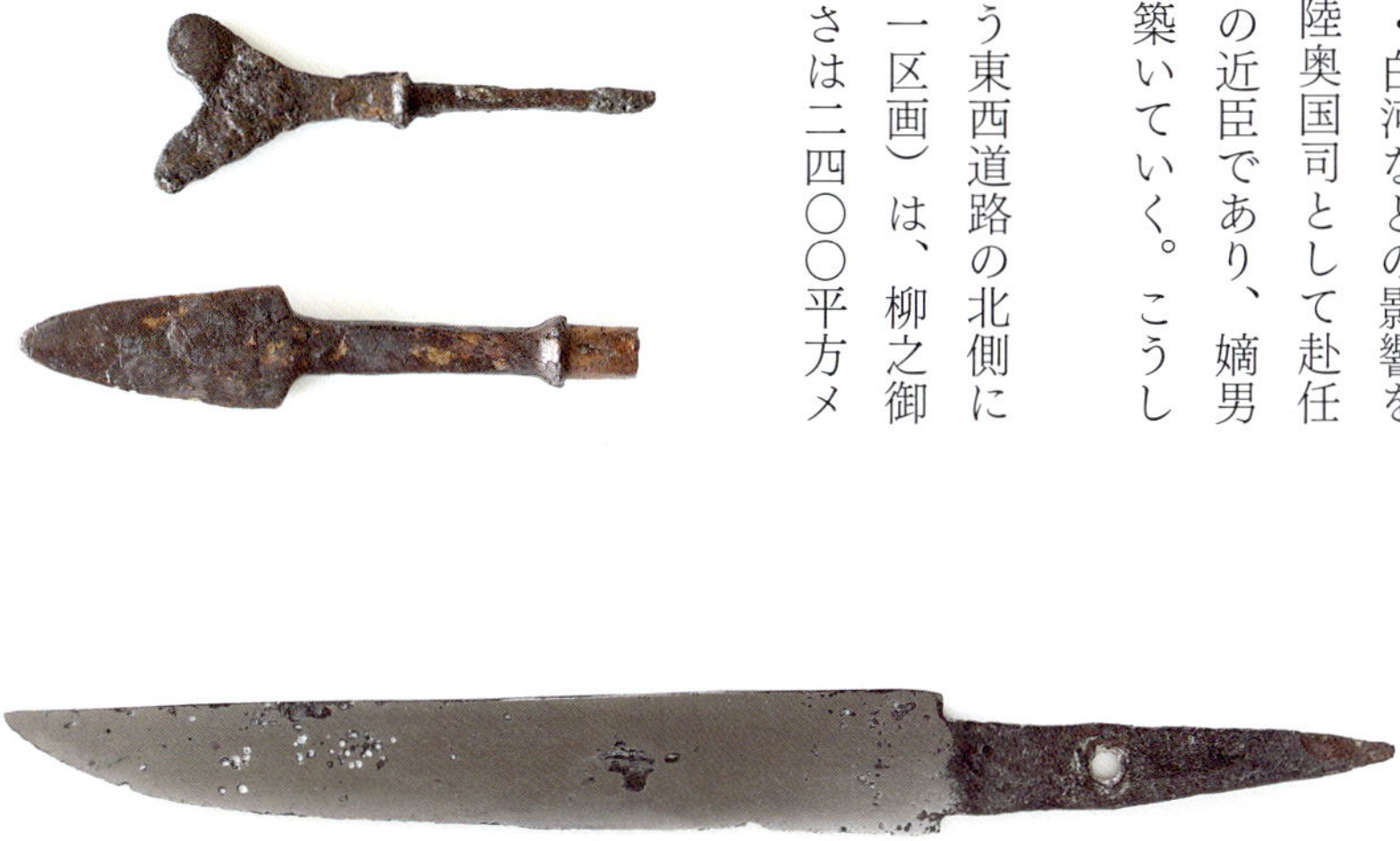

**図35●つわものを示す出土品、刀子（下）と鉄鏃（上）**
刀子（長さ23cm）は井戸の底から出土したことから状態が非常によく、片面を研いだところ、きれいな刀身があらわれた。刀紋が古代刀に類似するという。先が二股の鉄鏃は儀礼などに使われる雁股（かりまた）鏃（長さ9cm）。

# 2　毛越寺と平泉の仏教世界

## 贅をつくした壮麗な寺院

「堂塔は四十余宇、禅房は五百余宇である。基衡が建立した。まず金堂は円隆寺《えんりゅうじ》と号する。金銀をちりばめ、紫檀・赤木などを継ぎ、万宝を尽し、多くの色を交えている。本尊は、丈六の薬師像、同じく十二神将像（雲慶《うんけい》がつくった。仏菩薩像に玉を用いて眼を入れたことは、このときがはじめての例である）を安置した。講堂・常《じょう》行《ぎょう》堂《どう》、二階造の惣門・鐘楼・経蔵などがある」と、毛越寺について「寺塔已下注文」は伝えている。

毛越寺は基衡が建立したもので、多くの堂塔・禅房があり、金堂は円隆寺といい（**図36**）、贅をつくした壮麗な寺院であったという。

当時の伽藍はすべて失われたものの、春夏秋冬にさまざまな表情をみせるこれだけの大庭園が残っているところはほかになく、毛越寺は人気が高い（**図3参照**）。現在、特別史跡と特別名勝の二重指定を受けている。

**図36 ● 円隆寺跡の礎石群**
写真中央の標柱部分に須弥壇があった。礎石間は4mほどで、子どもたちによってその規模を推測することができるだろう。『吾妻鏡』には「吾朝無双」と評されている。

## 第一期の毛越寺

毛越寺には初代清衡建立説もあるが、境内各所の発掘調査の成果をみるかぎり、清衡時代には寺院を建立した痕跡はない。手づくねかわらけが出土する一二世紀第２四半期終わりごろが毛越寺の建立時期の上限であり、基衡が建立したことは動かないだろう。

発掘調査の結果、円隆寺、東門からの通路、中島、排水路などに新旧二時期あることが判明している。それらを整理し最初の毛越寺を復元してみると、円隆寺と講堂、遣水、通路、東門、築地（土塁か）、南大門、橋、菱形状の旧中島、

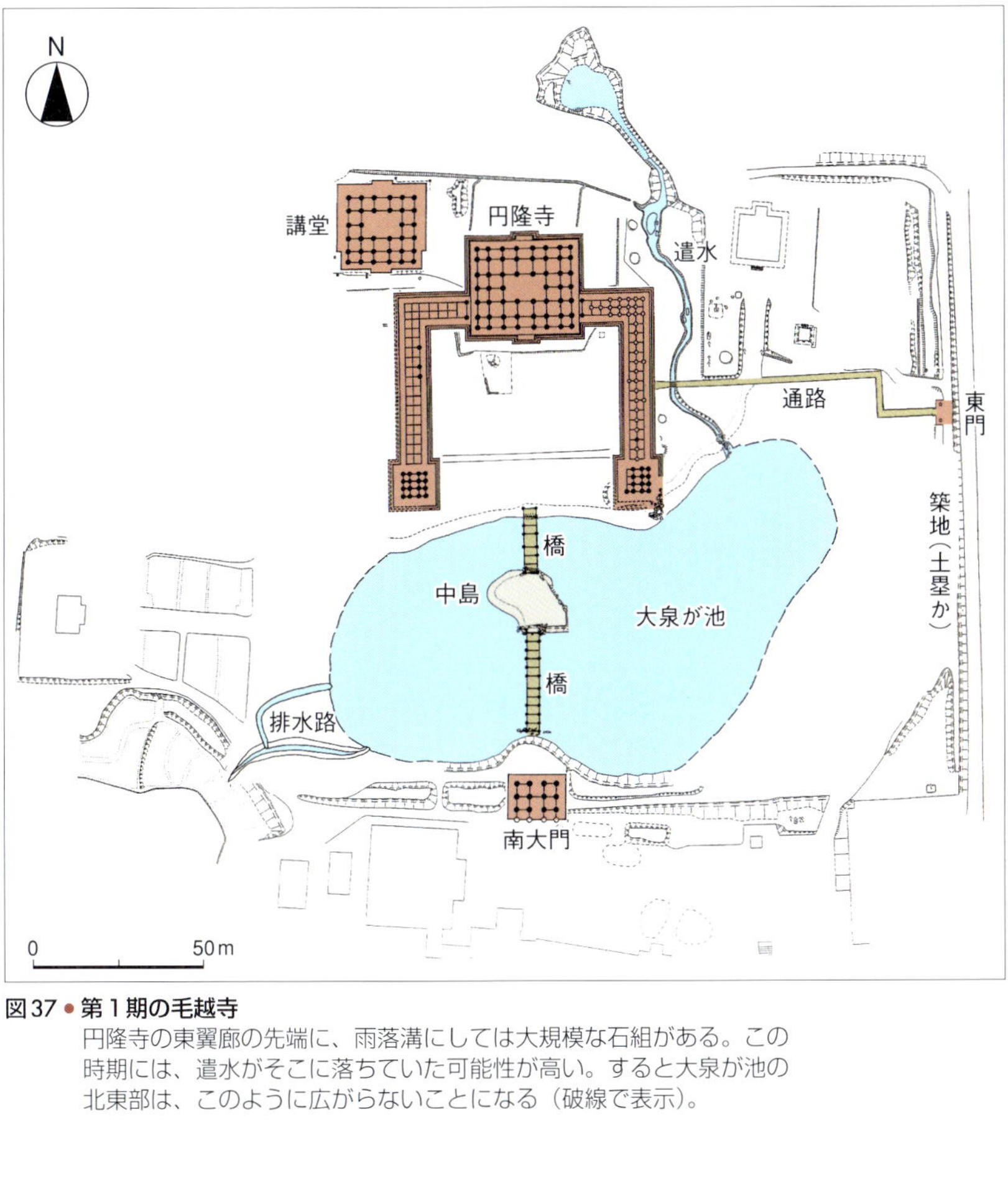


図37 ● 第１期の毛越寺
円隆寺の東翼廊の先端に、雨落溝にしては大規模な石組がある。この時期には、遣水がそこに落ちていた可能性が高い。すると大泉が池の北東部は、このように広がらないことになる（破線で表示）。

旧排水路とそれに対応する小さめの浅い池があったことが判明した（図37）。するとと、毛越寺にあった嘉勝寺《かしょうじ》や常行堂、法華堂は、創立時にはなかったことになる。嘉勝寺東廊の下からは、嘉勝寺以前の石敷き面が確認できる。同様に築山の下からも石敷き面がみつかっている。これらの石敷き面の存在は、その部分が境内地内であった証拠であり、それは第一期毛越寺にともなうものである。また、常行堂と法華堂も、基壇（基礎）の構造が嘉勝寺と同じ石と粘土で突きかためた亀腹《かめばら》式であることから、同様の時期のものである（図57参照）。

排水路は新旧で八〇センチの高低差があるが、旧排水路跡の逆台形の断面形をみるかぎり、水門が設けられるような箱型を呈する取水部分は中島に近いところにあったと考えられる。つまり、この時期の大泉が池は西側が非常に狭かったのである。

## シンボル金鶏山

基衡時代の仏教を柱のひとつとした都市づくりは、毛越寺ばかりではない。平泉館の西側には標高一〇〇メートル弱の金鶏山《きんけいさん》が鎮座するが（図38）、その山頂に経塚がある。

金鶏山の経塚は、壺類と経筒の組み合わせから最低でも九基が営まれつづけたと考えられる。一九三〇年に大規模に盗掘されたため詳細は不明であるが、幸いにも出土した壺類の大半と写真が残っており、そのうちもっとも古いと考えられる壺が一二世紀第2四半期の渥美窯の作であることから、基衡時代にはじまったと考えられる。

平泉町内に経塚は多いが、一基だけのものがほとんどで、複数基営まれているのは中尊寺境内など数カ所にすぎない。その中でも最大数の九基ある金鶏山は、平泉にとって重要な意味をもっていたことがうかがえる。たとえば毛越寺は、金鶏山頂から南に延びる子午線が毛越寺東側の土塁状高まりの線に一致することから、その線を基準として造営していることがわかる。また、次章でふれることになるが、秀衡が建立した無量光院の中軸線を西に延ばすと金鶏山頂にあたる。このように中尊寺以外の重要寺院は金鶏山を基準として建てているのである。

## 花立廃寺

また、金鶏山の東麓を削りだした平場、現在の平泉文化遺産センターの敷地内には、かつて花立廃寺があった。一九五〇年に調査され、四間×七間の礎石建物跡がみつかり、翼廊を有する建物であったことが確認

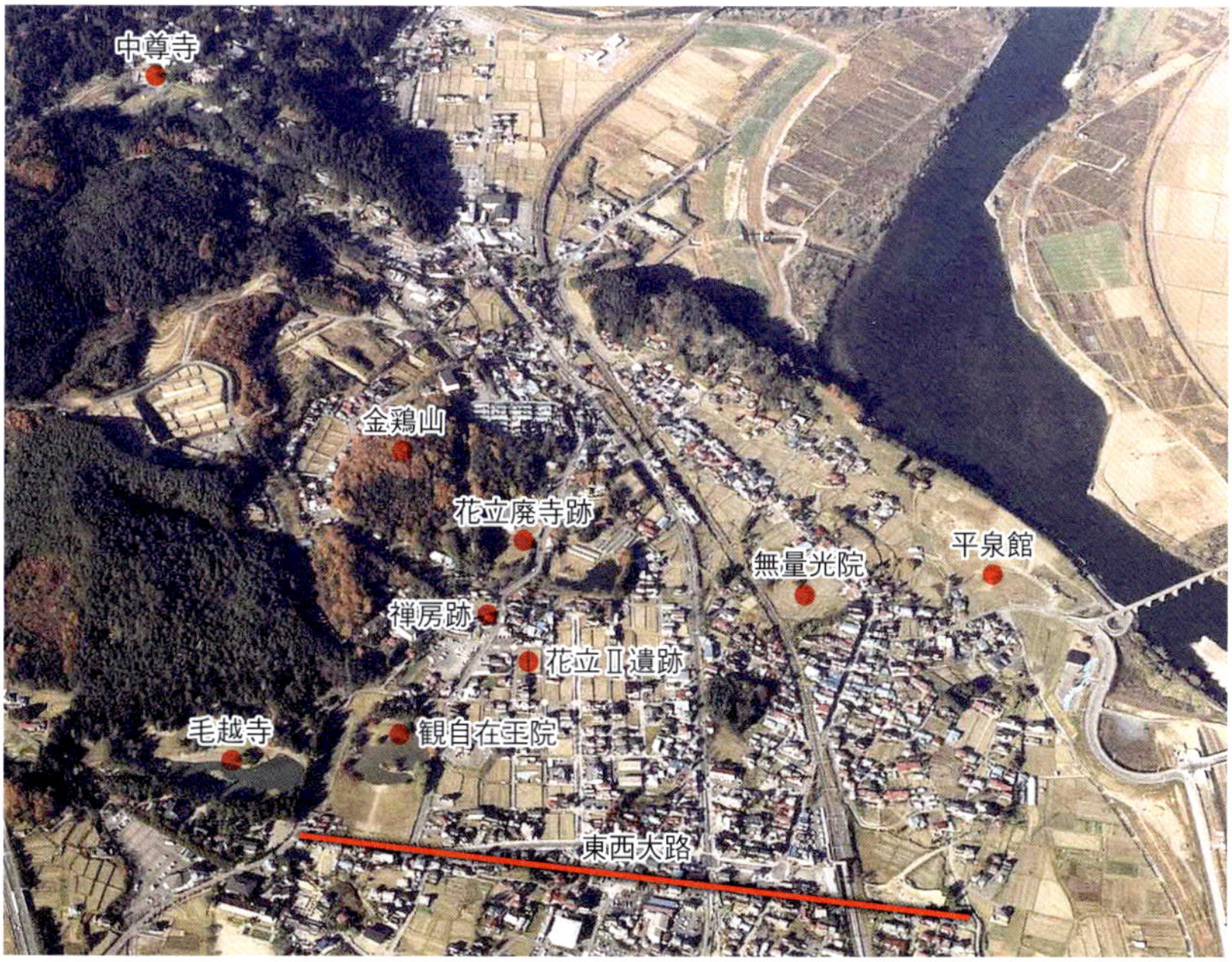


図38 • 都市・平泉の中心地区
基衡後期以降になって平泉は面的に広がるようになるが、空白地もあったことが判明している。この写真では右端の堤防とバイパスが工事中で、北上川を東に移動させる河道掘削がおこなわれている。

されている。柱間は四メートル以上の巨大な建物である。しかし、出土遺物は散逸して残っていない。

さらに一九八五年、花立廃寺の北側部分に、平泉郷土館（現・平泉文化遺産センター）建設に際して発掘調査を実施した際、花立廃寺よりもかなり低い面から礎石建物跡の一部がみつかり、多数のかわらけや瓦の小片が出土した。

かわらけは一二世紀後半の中でも後のほうのものが多かったが、瓦は鼠色に焼成された法勝寺《ほっしょうじ》系瓦であった（図39）。法勝寺とは一一世紀後半に京都の東、白河の地に、白河天皇が建立した巨大な寺院で、そこに葺かれていた瓦は、一二世紀後半に主流となる剣をモチーフとした剣頭文《けんとうもん》とは異なる唐草文《からくさもん》などを施したものである。その系統の瓦は、平泉では一二世紀第2四半期、すなわち基衡の時期のかわらけにともなうことがわかっていることから、この礎石建物も花立廃寺に付随すると考えられ、基衡が京都を意識して建立したと思われる。

西側の背後は金鶏山なので、東向きの建物であったことは疑いなく、その先には平泉館の堀内部地区がある。東の花立溜池は花立廃寺の池跡とも考えられることから、平泉館から観想するような浄土空間だった可能性がある。

**図39 ● 法勝寺系軒平瓦**
偏行唐草文軒平瓦。文様の下部分は「顎貼りつけ」とよぶ後から貼りつけたものである。燻（いぶし）瓦だが、比較的軟質に焼きあがっている。

## 禅房跡、花立Ⅱ遺跡

毛越寺の北東にあたる場所で、町民温泉の建設にともない発掘調査がおこなわれ、新旧六棟の掘立柱建物跡と一棟の礎石建物跡、玉石敷き面が施された浅い池跡がみつかった（図40）。多数の法勝寺系瓦が出土していることから、一二世紀第2四半期以降の遺跡である。もっとも古い建物は二間×三間の掘立柱建物（図40①）で、法勝寺系の瓦を一部に葺いていた宗教施設と考えられる。この建物が廃絶した後に、二面に庇をもち間仕切りがある建物が二回建てかえられ（図40②③）、平泉藤原氏の滅亡を迎える。その後しばらく時間が経ってから、軸線の異なる礎石建物（図40④）が建つ。この建物跡も何らかの宗教施設であったと考えている。池跡は二期目の建物に対応する。

二面に庇がつき間仕切りがある建物も、宗教関連施設である可能性が高い。毛越寺は、堂塔四十余宇、禅房五百余宇あったと記されている。房は

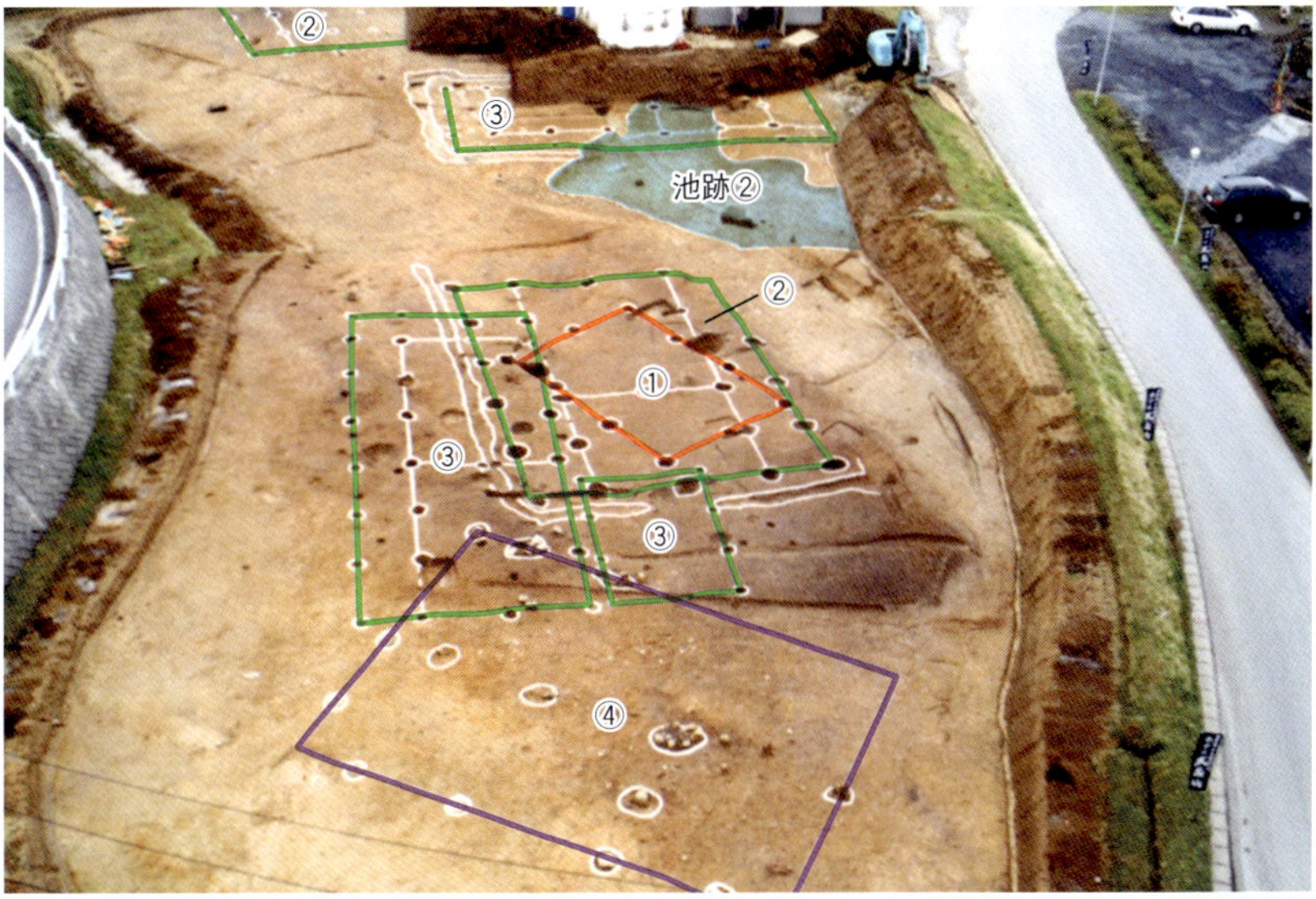


図40 ● 花立Ⅱ遺跡の変遷
4期にわたる建物の変遷が確認されている。2期～3期（写真中②③）は毛越寺と軸線がほぼ一致する。1期目（写真中①）は軸線が異なることから、毛越寺建立前と考えている。

坊と同意義で、僧侶の部屋を指す。間仕切りによって部屋を小割にしているこれらの建物跡は、毛越寺の禅房の一部であろう。

### 観自在王院

毛越寺の東隣に、観自在王院がある。両者の間には約三〇メートル幅の南北大路があった。観自在王院の境内は東西約一二〇メートル（四〇〇尺）、南北約二四〇メートル（八〇〇尺）の縦長の長方形をしている（**図41**）。四〇〇尺は平安京の一区画の長さであり、平安京を強く意識した寺院といえる。「観自在王」とは密教でいうところの阿弥陀如来のことである。

一九五五年に発掘調査がおこなわれ、中央に池があり、北側に中心伽藍である二つの堂が展開することが判明している。これらは近世地誌類が伝える「舞鶴が池」とよばれる池と、「寺塔已下注文」が記すところの京都の名所を内部に描いた「大阿弥陀堂」と、もう一つの「小阿

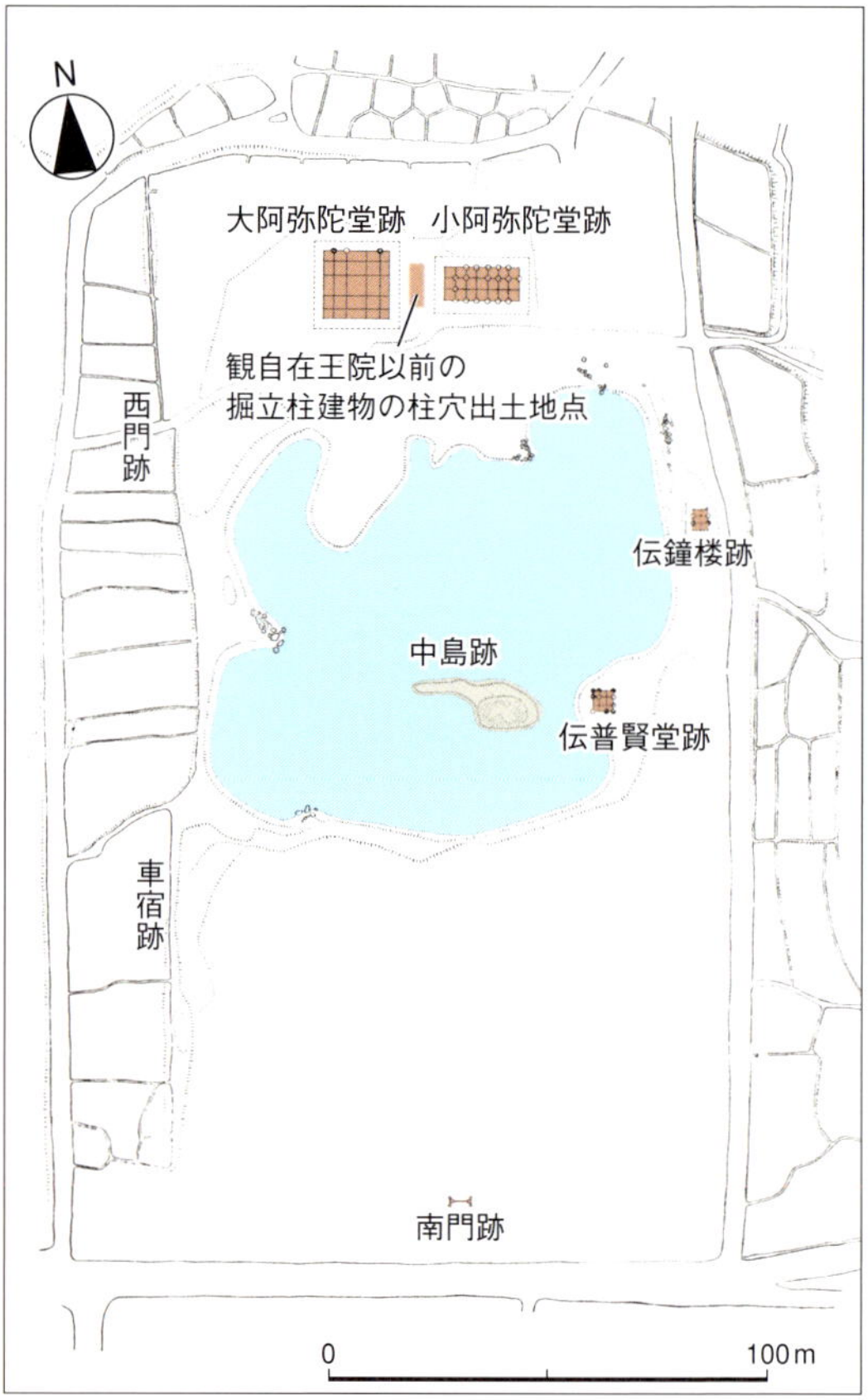


**図41 ● 観自在王院の遺構図**
『吾妻鏡』によれば「基衡の妻が建立」し、「大阿弥陀堂の四壁には洛陽（京都）の霊地・名所（加茂祭、鞍馬、宇治、嵯峨など）を描き、仏壇は銀、高欄は磨金」であったという。

弥陀堂」であろう。また池の東側からは、鐘楼と普賢堂と推定される礎石群もみつかっている。池には中島があるが、橋は確認されていない。玉石護岸はなく、西から流れこむ遣水も素掘りで、毛越寺にくらべると非常に質素だ。すでにふれたように、堂よりも古い時期の掘立柱建物がみつかっているが四面庇の形態はとらない。

さて、観自在王院の西門は、第一期毛越寺の東門と非常に類似した形態をしていて、しかも親柱が掘立柱から礎石に変化するところまで同じである。これらのことから観自在王院は、第一期毛越寺と同時に計画されたと考えるべきだろう。つまり、基衡が第一期毛越寺の造営にとりかかったころ、基衡の妻も観自在王院の建立をはじめたのである。今までの定説は、観自在王院の位置に基衡の館があり、基衡が亡くなった後に妻が館を観自在王院に変更したとしていたが、考古学的な検討を重ねると、そのような流れではないことは明白といえる。

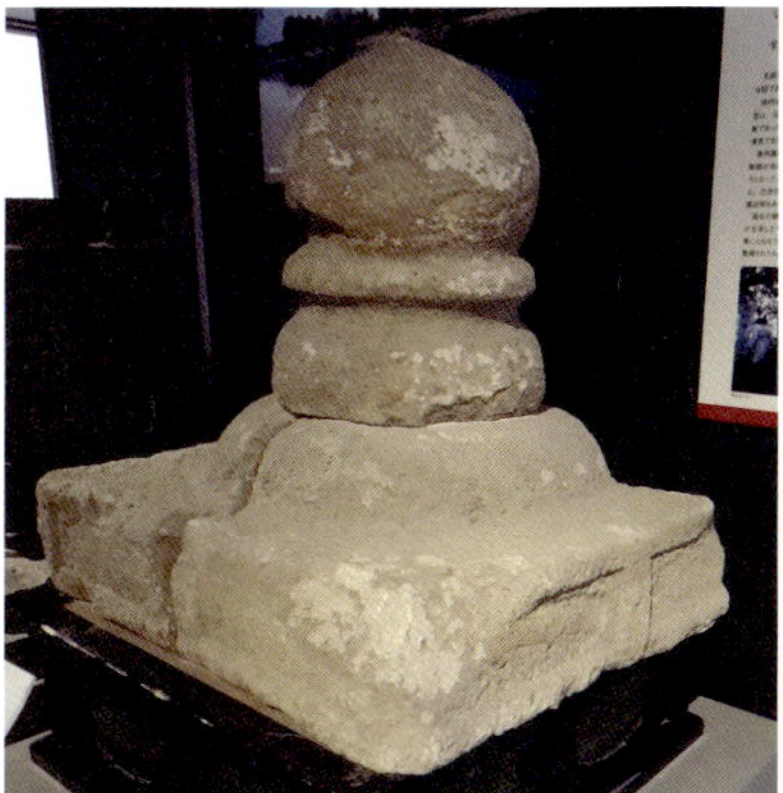

**図42 ● オンドブツ**（左）**と石製露盤**（右）
ともに軟質の凝灰岩製で風化が著しい。観自在王院内になぜ阿弥陀堂が2棟あるのか疑問視されてきたが、一方の本尊が石製であったことによる可能性もあろう。

観自在王院の北側には「オンドブツ」とよばれる石仏がある（図42左）。近年、一二世紀の阿弥陀如来坐像であることが判明した。その名は「御堂仏」が変化した呼び名なのであろうが、観自在王院の二つの阿弥陀堂のどちらかの本尊と考えられる。

また、寺院の屋根の頂部につく宝珠露盤《ほうじゅろばん》が遺存しており（図42右）、大阿弥陀堂のものと推定されている。形式から平安時代後期のものという評価だが、オンドブツと同様の石製であることから、オンドブツとこの宝珠露盤はセットであった可能性もある。

## 3　中世都市としての発展

### 東西大路と車宿の跡

毛越寺を造営するにあたって基衡は、平泉の南の玄関口にふさわしいように、周辺を大規模に整備した。

まず、毛越寺の南大門前から東に延びる大路をつくった。両側に側溝を備えた幅約二〇メートル（一〇〇尺の三分の二に相当する）の大路で（図43）、南大門付近を起点として、直線的に東進し、北上川の氾濫原にぶつかるまで約一キロ続く。路面は、基盤の粘土層がむきだしの状態だったようである。この東西大路が平泉のメインストリートであり、南北大路を基軸とする平安京などの都城とは根本的に異なっている。こうした道路・地割りの基準は、金鶏山頂から南に延びる子午線であることはすでに述べた。

この東西大路に交差する南北路も三本みつかっている。一つは観自在王院東隣の南北路で、現地形から幅一〇～二〇メートルと推定できる。二本目はさらに東に約一五〇メートルのところに、幅一五メートルほどの正方位軸の南北路が発見された。三本目はさらに一二〇メートルほど東で、軸線がやや北東―南西に傾いた幅一〇メートルの道路跡である。これは白山社遺跡に向かう道であろう。

「寺塔已下注文」には、「(観自在王院の)西側には南北方向に並ぶ数十宇の車宿《くるまやどり》がある」という記事があるが、毛越寺と観自在王院の間の南北大路に面して、一棟だけだが掘立柱建物がみつかっている（**図41参照**）。径三〇センチ程度の柱を立てた、二間（四・六メートル）×一〇間（二七・五メートル）の建物である。牛車を一〇台は停めることができる規模であることから、記録にみえる車宿であったと考えられる。

**図43 ● 東からみた東西大路**
写真に示したのは秀衡時代の拡幅した東西大路（約30m、86ページ参照）。現在の毛越寺通り（県道平泉厳美渓線）は幅15mほどで当時の半分程度しかないが、かつての東西大路を踏襲した道路である。正面にみえる建物は現在の毛越寺山門。

## 高屋跡

観自在王院前、東西大路の南から、平泉でこれまでに例のない掘立柱建物跡が二棟並んでみつかった（図44）。

それは倉町遺跡とよばれる遺跡で、二間×五間、総柱もしくはそれに準じる形態で、柱穴の掘り方は径一・五メートル、深さ一・五メートルと大きい。一部に栗材の柱痕が残っており、径三〇センチと太いものである。また、柱が沈まないように、柱穴の底に礎板《そばん》の代わりに瓦や鋤《すき》などを置くものもあった。柱にかなりの重量がかかることを想定してのことであろう。さらなる大きな特徴は、二棟ともに掘立柱建物跡にしてはめずらしく柱筋が完璧に通っており、さらに同規模であることから、非常に規格性の高い建物ということである。

周辺からは、黄釉盤《おうゆばん》や青白磁輪花皿《せいはくじりんかさら》、さらに博多でしか出土例がない美しい唐草文様が施された中国産の細長い壺の破片が多数出土している（図45）。

これらのことからこの建物は、『吾妻鏡』に何度か登場する、宝物を収蔵した「高屋」とよばれる建物と判断されている。平泉の入り口に位置することから、玄関口を飾る「見せる蔵」つまり「都市の威信財」といえ、さらに内部に納められた宝物がもつ霊力によって都市内に入

**図44 ● 倉町遺跡の高屋跡**
後に東側（写真左）に1間分延びることが確認され、全体では2間×5間の規模になる。さらに東側から、同様の規模の高屋が1棟確認されている。

ってくる魔物を撃退する効果をも期待していたとも考えられる。

## 手工業者の街

観自在王院跡の東側からは、東西大路に面して点在する何棟かの四面庇建物跡と、それらに付随する小規模な掘立柱建物跡もみつかった。字名から志羅山《しらやま》遺跡とよばれている（図1参照）。住宅密集地であるため攪乱が著しく、遺跡の状態はよくないが、鉄を溶かしたときに出る不純物である鉄滓《てっさい》や、フイゴの羽口《はぐち》などの鍛冶関連遺物、小規模な炉跡が発見されている。

その東側の区域からは、漆塗りの刷毛《はけ》や漆を入れたかわらけ、また銅を溶かした坩堝《るつぼ》や鋳型などが出土した（図46）。鋳型には密教法具である六器《ろっき》の鋳型や鏡の鋳型も含まれていた。さらにその東側にあたる平泉駅周辺からは、溶けた金が内側に残る坩堝も出土している。金銅製品をつくっていたとすれば、それは仏具であることから、このあたりは寺院を維持するための手工業者街であった可能性が高い。

また、観自在王院の周辺には「数十町にわたり倉町を

図45 ● 高屋周辺から出土した陶磁器片
写真上段中央が、白地に鉄絵で唐草文を描いた壺破片。このほかに下胴部が蛇腹状になる細長い壺破片（左中央）や黄釉の盤（大皿）の破片も出土している。

つくりならべていた」と「寺塔已下注文」は記している。倉町とは、商品を保管する倉が建ちならんでいた町をいう。志羅山遺跡から発見されている小規模な掘立柱建物は倉であり、四面庇建物跡はそれらを統括する人びとの屋敷と推定している。

本来は、国司館の模倣からはじまった四面庇建物であるが、平泉の時期になると、平泉館の四面庇建物をさらにその重臣たちが模倣していったようである。志羅山遺跡の四面庇建物は、柱間が三メートルを超えるものはほとんどなく、また庇の出幅が短いものもある。

志羅山遺跡のさらに東、河岸段丘の端には泉屋《いずみや》遺跡がある（**図1参照**）。やはり字名を冠した遺跡であるが、手工

漆塗りの刷毛の未成品

鏡の鋳型破片

漆を漉した布

金が残る坩堝片

**図46 ● 手工業者関連遺物**
室町時代の京都の遺跡では大量の鋳型がまとまって出土したりするが、写真の遺物は点在するようにみつかっている。大規模な生産ではない。

業者に関連した遺物は少ないものの、柱状高台を製作した浅いくぼみ地状のかわらけ焼成遺構や、トイレットペーパー代わりの割り箸状の糞べらが多数出土する多くの大小の円筒形の便所遺構（図47）など、中心域には設けられていない遺構が多く、都市縁辺部の様相を示している。

以上、柳之御所遺跡と中尊寺を結ぶ線のような状態だった平泉は、このように面的な広がりをみせるまでに拡大した。中世都市としての平泉は、二代基衡の治世に形成されたといえよう。

## 平泉を支える地域

このようにつわものと僧侶、手工業者が集住したことにより、平泉には多くの需要が生まれたはずである。当然、かなりの量の食糧や生活用品が供給されなければならない。そうした都市・平泉を支える機能をもった地域が周辺で発見されている（図1参照）。

平泉の中心部から離れた北上川の東岸では、里《さと》遺跡と本町《もとまち》Ⅱ遺跡という二つの遺跡がみつかった。このあたりは北上川の氾濫原の中の微高地であることから、近年まで住宅が建ちならんでいたが、堤防バイパス建設工事同様の事業によって高台に移転し、その後に圃場整備にか

図47 ● 泉屋遺跡の便所遺構
直径、深さともに1m前後の円筒形の土坑で、下層からちゅう木とよばれる糞べらが出土した。覆土にはウリ科の種子や蛆のさなぎが混じっていた。覆い屋などがみつかっていないことから、排泄物を廃棄した土坑ではないかとも考えられている。

かる事前調査がおこなわれた。すると試掘調査の結果、一〇世紀から一五世紀の大遺跡であることが判明したのである。

里遺跡は、遺跡保護の観点から開発で破壊される水路部分のみを調査した。それは幅三〜五メートルを中心とした一〇〇〜二〇〇メートルの細長い区域であったが、和鏡の未成品が二面出土している。当時の和鏡は京都だけで生産していたと考えられていたため、志羅山遺跡から出土した和鏡鋳型とともに、これらの成果は全国の研究者を驚かせた。里遺跡周辺には、京都から招聘された鋳物師《いもじ》集団が住んでいたと考えられる。

一方、全面調査がおこなわれた本町Ⅱ遺跡からは、九一五年に降下した十和田火山灰によってパックされていた一〇世紀初めの畠跡が検出された。この氾濫原は北上川よりも高位にあるため、灌漑用水が発達しない時代には、畠としてしか利用できなかったであろう。作付けていたものは陸稲であった。

また、平泉の中心部から北に数キロほど行ったところにある、北上川が蛇行してとりかこんだ半島のように突出した天然の要害に、白鳥舘《しろとりたて》遺跡がある。ここからは、一〇世紀前後の竪穴建物跡、安倍氏の一族である白鳥八郎が活躍した時代である一一世紀後半のかわらけ、一二世紀から一四世紀の手工業関連遺跡、一五世紀の城館跡がみつかっている。

手工業者関連遺構は、数基のキセルの形状をした煙管《キセル》型かわらけ焼成遺構、かわらけの粘土を採取した四角い粘土採掘坑、鉄を熱して形状を形づくる径四〇センチほどの鍛冶炉がみつかり、鉄滓や溶解した純度の高い銅、未成品の数珠玉（図48）などが出土した。

　この数珠玉は水晶製で、T字状に穴をあけようとした際に半分に割れてしまったものである。T字状の穴を有する水晶玉は、数珠のなかでも房がつく部分の数珠母玉である。同様の数珠母玉が、中尊寺金色堂の棺内からも発見されている。

　これら三遺跡は北上川に面していることから、手工業者関係遺物が多い里遺跡と白鳥舘遺跡では、原材料の調達から加工や製品づくりまでおこなっていたのであろう。当然のこと川湊の機能ももちあわせていたと推定される。平泉町内に伝わる金属・石製品の多くは、この両遺跡で製作された可能性が高い。対して本町Ⅱ遺跡は、食糧基地であったと考えている。一方、平泉の東をかぎる束稲山の直下の氾濫原からも、十和田火山灰に覆われた、山からの沢水を利用した水田がみつかっている。平泉を支えた多くの農民・手工業者は、この付近にいたのである。

## 中世の村・骨寺村荘園遺跡

　平泉を支えた地域を、さらに広い範囲にみていこう。

　中尊寺には二枚の骨寺村荘園絵図《ほねでらむら》が残されている。詳細絵図と簡略絵図で、鎌倉から室町時代に描かれたものらしい。その絵図そのままの風景が平泉から西へ二五キロ行った一関市厳美《げんび》町の本寺《ほんでら》地区に残っており、骨寺村荘園遺跡とよばれている。

　四方を山にかこまれた細長い盆地で、中央を街道が走り、川

**図48●白鳥舘遺跡出土の数珠玉**
金色堂の棺内にあった数珠母玉は、T字状の穴の部分も透きとおっているのに対し、これは白く曇っている。電子顕微鏡による観察で、T字状の穴の内面を磨いていないためであることが判明している。

が流れ、その両側には水田が広がり、山際に屋敷地が点在している（図49）。ここは中尊寺の自在房蓮光《じざいぼうれんこう》という僧の私領であったが、蓮光が中尊寺経蔵初代別当職に任じられたことから、経蔵別当領として寄進したという。

また、平泉藤原氏以後の史料ではあるものの、作物などについて細かい記録が残っている。このような特殊な背景をもつ荘園遺跡が、絵図のままの風景で現在まで残っている例はほかにはない。

また、柳之御所遺跡からは「磐前村印《いわさきむら》」と刻された銅印が出土している（図50）。磐前村がどこにあるのかは確定していないが、村印がみつかったことによって、平泉藤原氏のころには、郡や郷という単位ではなく、一つひとつの村単位で掌握されていたことがわかる。

**図49 ● 骨寺村荘園遺跡空撮**（東から）
絵図と対応し、左端を上下に石ハ井川（磐井川）が流れ、一番手前が難所の鎰懸（かぎかけ）、左奥にみえる高い山が駒形（栗駒山）。

## 平泉藤原氏を支えた交易

冒頭にもふれたが、平泉藤原氏が興りえた理由の一つが北、とくに北海道との交易である。

「寺塔已下注文」には平泉から京都に運ばれたものとして、黄金もさることながら、鷲羽《わしばね》やアザラシの皮などが記されている。とくに鷲羽は弓矢の矢羽に用いたもので、上質の矢羽は貴族やつわものたちのステータスシンボルであった。その鷲羽の最高級品が、北海道が主産地であるオオワシの尾羽だったのである。またアザラシの皮は、天皇に拝謁できる五位以上の人びとが、馬に乗るときの装束の一部として用いられた。

こうした交易品の流れを考古学的に証明するのはむずかしいが、本州産の製品の分布をみることで、平泉藤原氏のかかわりを想定することができる。

北海道と本州との交易は、九世紀ごろは、秋田県産の須恵器壺の分布をみると、北海道の日本海側にしか広がらないことから、日本海を介しておこなわれていたことがわかる。ところが一一世紀ごろからは、青森県五所川原窯からもちこまれた須恵器壺の分布が太平洋側にまで広がるのである。つまり、このころから太平洋ルートを使った北海道交易が盛んになり、それを平泉藤原氏も継承し、それにともない外ヶ浜までの幹線道、奥大道の要衝を把握したと考えられる（**図51**）。北の産物を一手に握ることは、莫大な富を得ること

**図50●磐前村印**
発見されたときは印面に朱肉が厚く残っていたことから、実用品であったことを疑う余地はない。磐前村は、磐井郡のなかの南側の村とする説、平泉とよばれる前の名称とする説などがある。

を意味していた。

　平泉以北では、比爪館《ひづめのたち》跡（岩手県紫波《しわ》町）、矢立廃《やたてはい》寺《じ》跡（秋田県大館市）、浪岡城《なみおかじょう》跡（青森県青森市）などで、平泉から多数発見される手づくねかわらけや白磁四耳壺が出土することから、平泉と関係が深いと考えられる。おそらくはこれらの遺跡の周辺を奥大道は通っていたものと思われる。そしてそれらの出土遺物は一二世紀中ごろのものであるから、二代基衡の時代、それも基衡の晩年に近い時期に交易が確立したと考えられる。

　さらにその痕跡は、北海道でもみることができる。いまから五〇年ほど前、太平洋に面した苫小牧のすぐそばの勇払《ゆうふつ》郡厚真《あつま》町で、地区の公民館を建設していたところ、一点の壺が出土した。この壺は数年前まで顧みられることもなく、ひっそりと展示されていたのだが、一二世紀中葉の常滑壺であることが判明し、にわかに注目されることとなった（図52）。一二世紀にお

**図51 ● 平泉と深い関係がある遺跡**
手づくねかわらけや白磁四耳壺などの平泉と同様の遺物が出土する。観音寺廃寺跡は平泉と同時代遺跡だが、若干様相が異なる。また浪岡城跡は堀でかこまれていたと考えられることから、館の可能性もある。

いて常滑窯の最大の消費地である平泉との関連を想定せずにはいられないからである。口縁部は意図的に打ち欠かれ遺存していないものの、その下の部分は完形の壺で、内部に火葬骨が付着した痕跡はまったくなかったことから、経筒を入れて土中に埋納した経塚遺物と判断できた。

また厚真町からは、全国をみわたしても鎌倉と深い関係があるところからしか出土例のない、スタンプで文様を施した漆器椀が出土していることから、鎌倉時代に重要な位置を占めていたことは疑いない。すると当然のこと、常滑壺が用いられた平安時代は平泉との関係を考えるべきであろう。平泉藤原氏を滅ぼした鎌倉幕府は、平泉の多くのものを継承したことと同様に、北方交易も手中にしたのである。

厚真町が選ばれた理由は、海から川をさかのぼって厚真町に入ったのち、陸路で日高山脈を越え、さらなる北方世界とつながっていたからである。その証拠に、中国の北方民族である女真族《じょしんぞく》が用いていた鉄製の鏃《やじり》が厚真町でみつかっている。

このように基衡時代に、本州最北端の湊である外ヶ浜まで勢力を伸ばし、奥大道の要衝を押さえることによって、北の交易を掌握したのである。

**図52 ● 厚真町の常滑壺**
古道と推定される街道と小河川に近接した半島状の台地先端にある宇隆（うりゅう）1遺跡から出土。交通の要衝地への埋納、また口縁部を打ち欠く点は、東北地方の経塚もしくは出土壺によくみられる様相である（高さ37.7cm）。

# 第5章　平泉の最盛期

## 1　三代秀衡と平泉館の変化

### 基衡から秀衡へ

基衡の死に関して、『吾妻鏡』は二カ所で伝えている。「寺塔已下注文」で、毛越寺の中の嘉勝寺を造営中「いまだ完成しないうちに基衡が死去した。そこで秀衡がこれを完成させた」とある。もう一つは同一一八九年九月二三日条で、「幸運は父の強さを上回り、領国を管領することまた三三年後、夭亡《ようぼう》した」と伝える。「夭亡」とは突然死を意味する。一九五〇年におこなった平泉藤原氏の遺体調査で、死因は脳卒中だったことが判明している。つまり基衡は、嘉勝寺建立の途中で突然亡くなったのである。

その後の代替わりについての記録は何もないが、急死した父に代わり嘉勝寺を完成させたことで、秀衡は当主としての地位を固めたのだろう。文献史学では、秀衡の治世は平泉の最盛期と評価されている。たしかに秀衡は鎮守府将軍と陸奥国司を兼任し、官位的にも北東北の権力者となった。しかしながら、初代清衡や二代基衡にくらべると、秀衡が建立したのは無量光院だけである。発掘調査によってわかった考古学的成果から秀衡時代の平泉をみていこう。

## 平泉館の大改変

平泉館は、秀衡の後半と泰衡の時期に大きく改変されている（図53）。

堀は半分ほど埋まっているものの、二重堀としての機能は残している。堀内部地区の板塀は、はっきりとしないが軸線が異なるものへとつくりかえられたようである。その内部では、池の北側にあった四面庇建物はなくなり、総柱建物《そうばしらたてもの》に変化する。

図53 ● 秀衡後期～泰衡期の平泉館
北側に大きな総柱建物が出現するものの、かわらけの出土状況をみるかぎり、この時期になっても中心は池の周辺である。

この建物は七間×八間で、広さは一六・五×一八・四メートルと、以前の四面庇建物と規模はあまり変わらないものの、四面庇建物とは異なり床面すべてに柱が立つ。さらに堀外部にあたる北西部に、約一八×二〇メートルという平泉で最大の総柱建物を建てている。

この総柱建物について、調査した岩手県教育委員会は、柱穴から出土したかわらけが一二世紀前半のロクロ成形のものが大半を占めることから、一二世紀前半の建物としている。しかし、たしかにロクロかわらけは多いものの、ほとんどのものが磨滅した小片であることから、廃棄された原位置から何度か動かされたものといえる。また、少数ながらも手づくねかわらけが混じっていることを勘案すると、一二世紀後半の建物としか考えられない。

総柱建物は、古代の倉庫的な建物を除けば、北陸を中心に一三世紀ごろから展開するものであり、知るかぎりでは一二世紀前半のものはない。平泉町内で三〇〇を超える掘立柱建物跡がみつかっているが、前章でみた高屋を除けば、総柱の形態をとるものは柳之御所遺跡の二棟と志羅山遺跡の一棟しかなく、いずれも調査区内でもっとも新しい建物である。こうしたことから、堀内部地区に限らず平泉内で最大のこの総柱建物は、平泉館の最終段階の建物といえる。

**図54 ● 姿をあらわした池の遺構**
手前は排水路であるが、導水路が判明していない。遺跡の高さを考えると、この池に水を流すような水源を想定できないことから、整備では湧水であったと判断している。

池もL字状の形態から中島を有する楕円形のものへと拡大された（図54）。池とその周辺からは大量のかわらけと、長さが八〇センチにもおよぶ大杓子が出土している（図55）。このような大杓子は、大型の鉄鍋での調理に使用するものである。『病草子』に描かれているてんこ盛りにした飯を食べるような宴会儀礼、すなわち大盤振舞いの語源である垸飯《おうばん》がおこなわれていたことを示している。また、かわらけだけではなく、国産陶器の壺や甕、中国産陶磁器の四耳壺類や椀皿類、そして漆塗りの椀皿とい

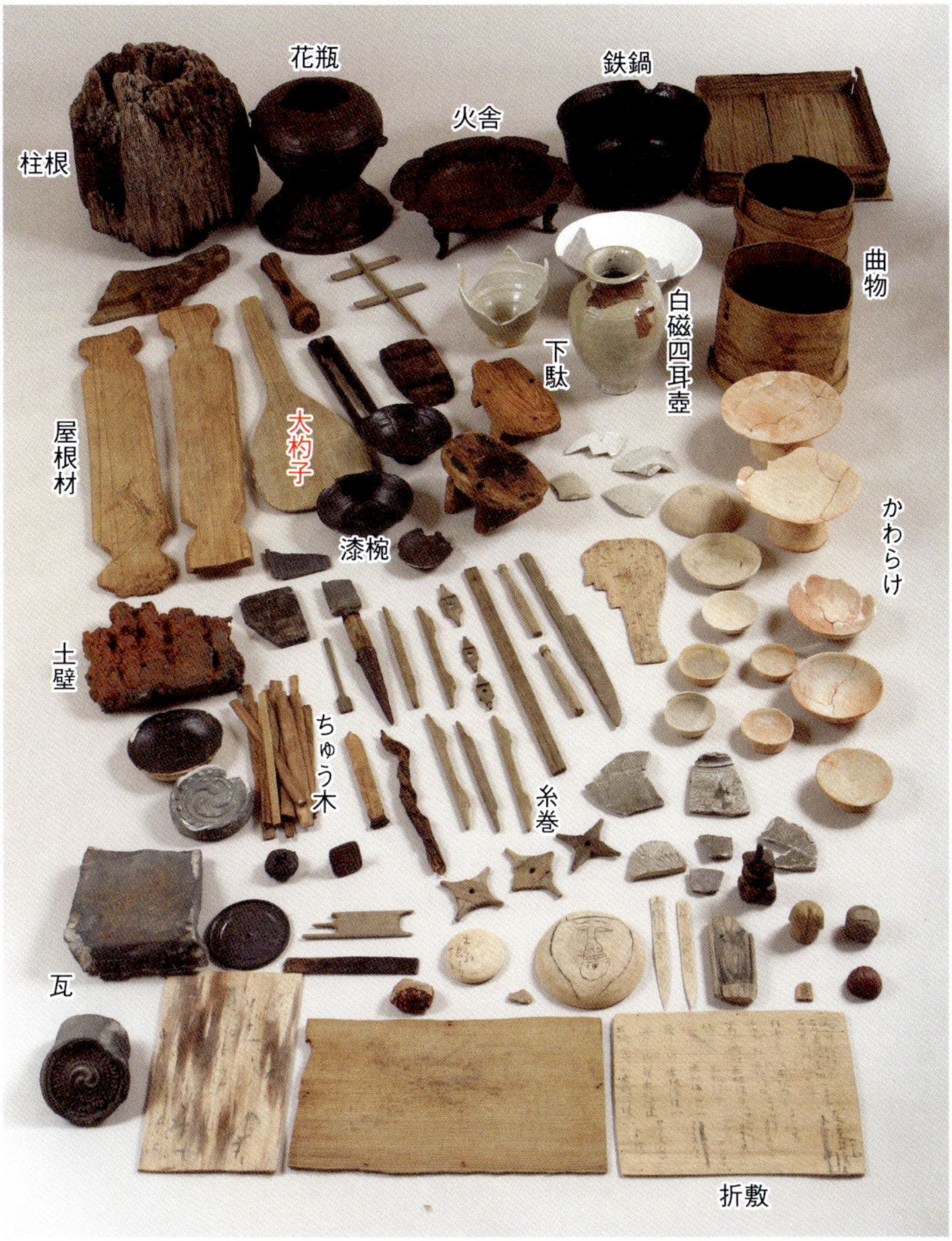


**図55 ● 平泉館内から出土した遺物**
多種多様の12世紀の遺物が出土している。とくに目を引くのが手工業者関連遺物で、平泉内で発見される全種類がそろっている。

った木製品など、多種多様な遺物が大量に出土しだすのもこのころからであり、考古学的にはもっとも華やぐ時期といえる。壺や甕が多くなったのは、宴会儀礼が盛んにおこなわれたことを意味し、それは主従関係が多く結ばれたこと、すなわちつわものたちの平泉への求心力が高まったことを示している。また全国的な遠隔間の物流が確立しはじめ、北の一大消費地である平泉に多く物資が集まるようになったことも大きな要因であろう。

官衙の時代より宴会をおこなう場であった四面庇建物が消えたにもかかわらず、かわらけなどの出土が増えているという事実は、総柱建物もやはり宴会をおこなう場であったことを示している。しかし、建物の構造が異なるので、宴会の形態も大きく変化したのだろう。

## 2 観想する無量光院

### 秀衡の新御堂

「無量光院（新御堂《しんみどう》と称する）の事。秀衡が建立した。堂内の四壁の扉に観無量寿経の大意を描いている。そればかりか秀衡みずから狩猟の様子を描いた。本尊は阿弥陀像。丈六である。三重の宝塔、院内の荘厳は、ことごとく宇治の平等院を模したものである」と「寺塔已下注文」は伝える。

この中で新御堂とよんでいる無量光院に対する旧御堂とは、平泉館内にあった秀衡の持仏堂のことであろう。平泉館内の池周辺からは、当時、寺院に使用したと推定される陰刻剣頭文《いんこくけんとうもん》瓦が多数出土しているので、持仏堂はこの付近にあったのではないだろうか。そしてこれらの瓦は井戸跡から一括出土しているので、持仏堂は破却されたと推定される。

「観無量寿経の大意」とは、上下九ランクある極楽往生の様子のことで、殺生禁断の堂内にみずから狩りの絵を描いたのは、秀衡自身が殺戮を生業としなければならなかったつわものであることを顧み、自らの往生を願ってのことだろう。

無量光院は、宇治平等院の鳳凰堂を模してつくられた。宇治平等院は藤原道長《みちなが》の別荘「宇治殿」があった藤原氏ゆかりの地にあり、鳳凰堂は一〇五三年に藤原頼通《よりみち》が建立したものである。浄土にあると考えられた宝楼殿舎《ほうろうでんしゃ》という宮殿を現世に表現したもので、阿宇池《あじいけ》の中島に建てられ、阿弥陀如来が鎮座する中堂、左右の翼状の翼廊、背後の尾廊から構成されている。

平安後期の権力者、頼通が、当時流行した浄土思想をとりいれて建立した比類なき豪華な鳳凰堂を平泉に建立することは、秀衡の権力のひとつの表現だったといえる。

## 発掘からみえてきた無量光院

発掘調査であらわれた無量光院の実態をみていこう（図56）。池は梵字が池とよばれ、東西約一四〇メートル、南北約一四〇メートルで、二万平方メートルの広さを有する。池の西端のほうに中堂と翼廊がのる大きな西島、そのすぐ手前の東に礎石建物が数棟建つ東島、また西島の北側に橋でつながれた小さな北小島がある。西島と東島の間からは橋は発見されていない。

中堂の規模は、鳳凰堂と寸分たがわない。鳳凰堂を実際に計測してきた可能性が高い。鳳凰堂にはある尾廊がないが、左右の翼廊は一間分長くしてあるので、全体としてひとまわり大きく感じたことだろう。

一方、梵字が池の水深はわずか四〇センチ前後と浅い。中尊寺大池や毛越寺大泉が池は、一

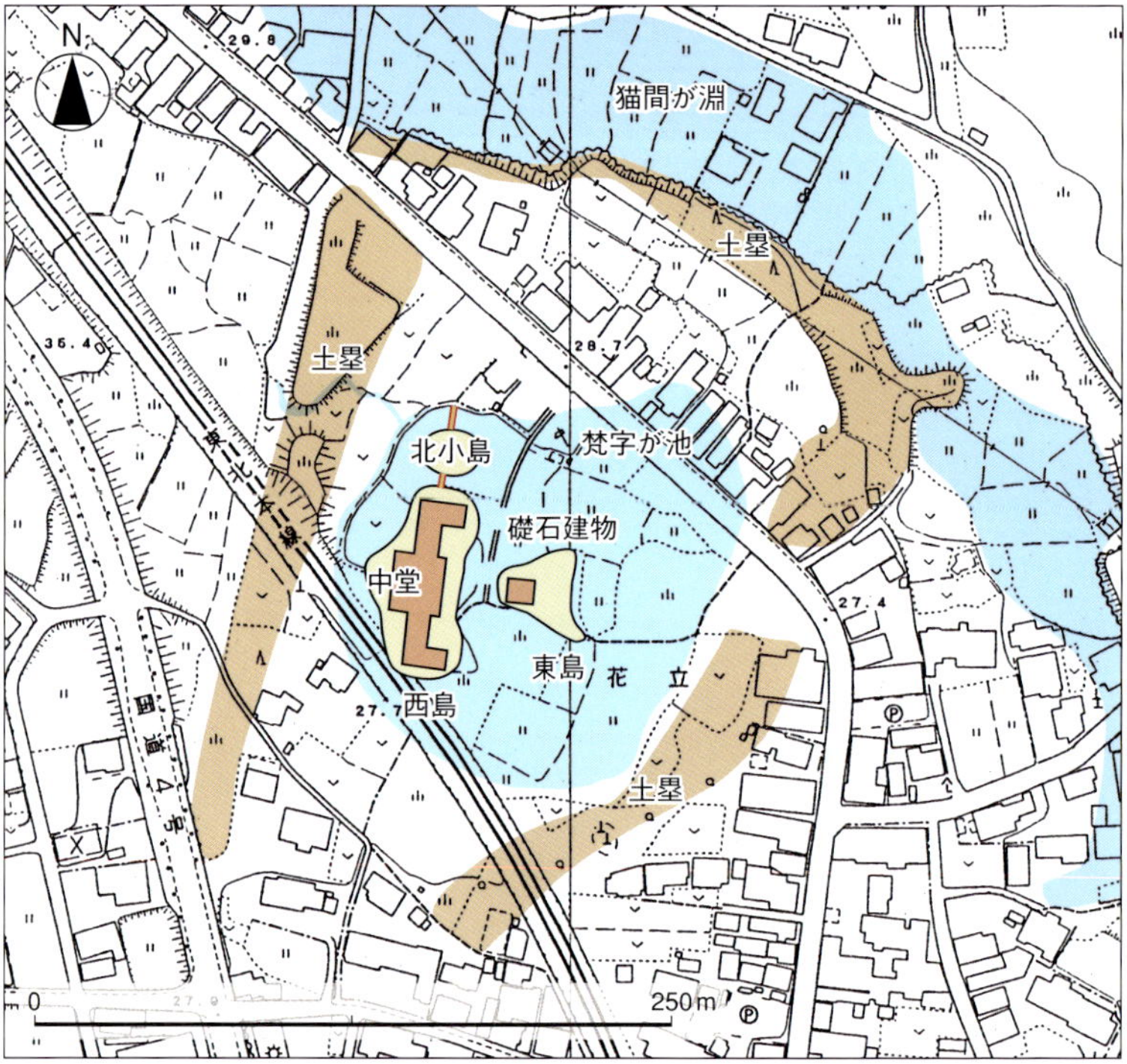


**図56 ● 無量光院図と復元CG**
宇治平等院鳳凰堂を模してつくられた。平等院の場合は、池の岸にある小御所から西にある鳳凰堂をみて観想したが、その小御所と鳳凰堂の距離が、無量光院の中堂と東島にある建物の距離に一致する。池のなかの東島から観想することによって、その効果を高めている。

メートル前後と深いので船を浮かべることができるが、梵字が池では浮かべることはできない。また玉石張りもほとんど施されておらず、質素な庭園である。その状況下で西島は比較的玉石が多く、洲浜の上に中堂が浮かんでいるようなつくりをしている。また中堂の前は焼煉瓦である塼《せん》を敷き、豪華さを醸しだしている。しかし、中堂の基壇は判然としないうえ、礎石もそれほど根固めがされていない。不明確な基壇や礎石の根石、玉石護岸が施されない汀線からは、急ごしらえの寺院であった可能性さえも浮かびあがる。

中堂は真東からやや南に寄った方向を向いている。東島から中堂の中心線の西延長に金鶏山頂が位置することから、金鶏山を意識して建てていることは間違いない。南面以外の池全体を高さ数メートルの土塁でかこんでいるので、阿弥陀如来がいる西に金鶏山を拝すると、中堂などの建物以外の人工物はみえなくなる。このように自然景観的な土塁で現世から切り離すことによって、平等院以上の浄土空間をつくりあげていたのである。

出土遺物から無量光院は、一一七〇～一一八〇年前後に建立され、出土かわらけのなかでもっとも新しいものが一三世紀前半のものであること、礎石に強い熱を受けた痕跡があることから、一三世紀前半に焼失したという検討結果が出ている。

## 加羅御所

無量光院の東側には秀衡が住む加羅御所があった（**図1参照**）。秀衡は加羅御所に住み、朝夕、遥拝・観想して、自らの往生を願ったことになる。

興味深いことがある。宇治の平等院は春秋彼岸の中日に真後ろに落日するようにつくられているのに、無量光院の場合には金鶏山頂には沈まない。無量光院の向きをわずかに変えるだけで、それは実現できるのにおこなっていないということは、阿弥陀堂としての方向性よりも、無量光院を貫く金鶏山へのラインが重要視されたことにほかならない。金鶏山への中軸線部分のみを荘厳しているのも、そのあらわれである。これらは金鶏山と無量光院というライン以前に、金鶏山と加羅御所が直線的に強く結びついていたことを示している。

平泉館は本来、寝所と持仏堂の機能も備えていた。それが秀衡の代に加羅御所と無量光院に分化する。文献史学では無量光院が先に分化したとされてきたが、加羅御所のほうが早く分離したことは明らかであり、晩年の秀衡がその線上に無量光院の建立を思い立ったのである。

現在、「伽羅之御所跡」とよぶ九万平方メートルほどの場所に加羅御所があったとされている。かつては鏡箱に収まった和鏡などが出土したことから、加羅御所近隣かと取り沙汰されたこともあったが、近年の研究により共伴したかわらけが一二世紀前半のものと判明したことから、加羅御所とは無関係である。

そうなると、現在まで周辺の二五〇〇平方メートルほどを調査しているが、加羅御所を想定できるものは、一部でみつかった区画溝跡を除いて、皆無ということになる。この状況から加羅御所は、それほど大きな施設ではなかった可能性が高い。

# 3　毛越寺の大規模改修

## 円隆寺の焼亡・再建と嘉勝寺

毛越寺の金堂である円隆寺跡からは、翼廊の一部に焼けた柱を新しいものに変えた痕跡があった。このことから一度火災に遭って、その後再建されたことがわかっている。本堂の北西に隣接している講堂跡には火災の痕跡がないことから、本堂には延焼しなかったものと推定される。

円隆寺の西側からは、円隆寺と同規模の翼廊付伽藍嘉勝寺がみつかっている（図57）。しかし、その前面に園池は広がらず、何のために金堂と同様の伽藍を設けたのかは不明である。翼廊の先端部が調査で明確に検出されないことから、未完成だったともいわれている。

しかし、円隆寺の礎石より一まわり大きい礎石を使用しているし、規模は同じながらも明らかにしっかりしたものをつくろうとする意識が伝わることから、円隆寺と同規模の伽藍が併存していたとしか考えられない。

平安時代後期の京都では、天皇がこぞって大伽藍を建立した。円融《えんゆう》天皇御願の円融寺《えんゆうじ》、一条天皇御願の円教寺《えんきょうじ》、後朱雀《ごすざく》天皇御願の円乗寺《えんじょうじ》、後三条天皇御願の円宗寺《えんそうじ》の四つの寺院は、四円寺とよばれた。四円寺は、前章でふれた白河天皇御願の法勝寺以下の六勝寺につながっていく。毛越寺の円隆寺と嘉勝寺の建立は、京都と同様に「円」のつく寺院から「勝」のつく寺院を建立している点で、京都の天皇・上皇の寺院建立の流行を意識したものといえる。

## 第二期の毛越寺

この嘉勝寺の建立に関連して、大泉が池が西に拡張される。発掘調査により、新旧二つある排水路のうち、新しいほうは取水口付近で八〇センチほど深くなり、池の西側と北東部分が広げられたと推定される。一二世紀第3四半期後半に嘉勝寺を建立したことで境内のバランスが大きく崩れ、園池を改変することになったのであろう。

このようにして第二期の毛越寺は、北側に新円隆寺と嘉勝寺、講堂、常行堂と法華堂が建ちならんだ（図57）。円隆寺と常行堂の間には遣水が

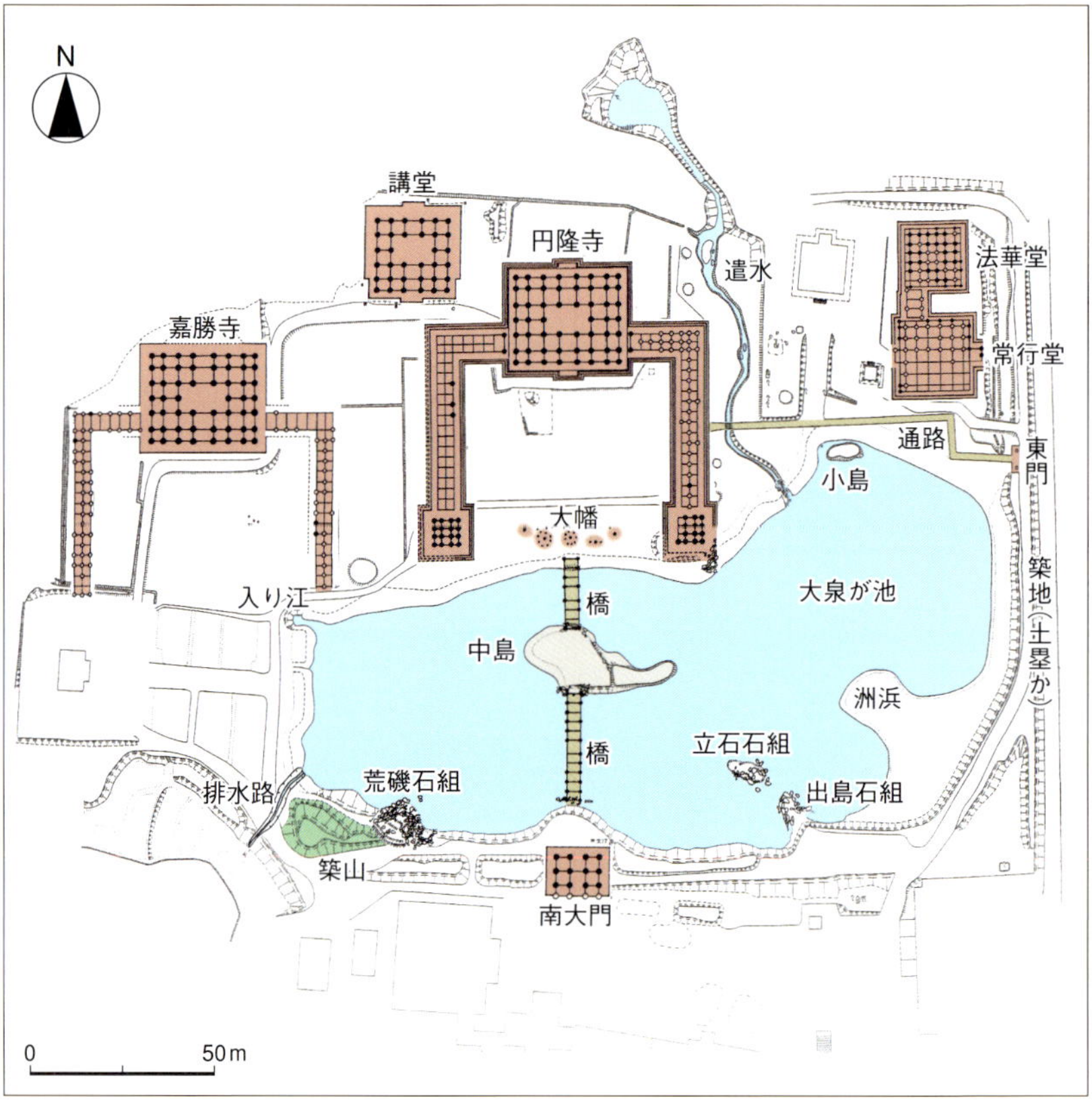


**図57 ● 第2期の毛越寺**
さまざまな自然景観の要素を盛りこんだ現在の形の毛越寺の完成。
平安時代に書かれた庭造りの秘伝書『作庭記』を具現化している。

流れ、敷地の中心には現在の姿をした横広の大泉が池があり、池の中に勾玉状となった中島、嘉勝寺前には舟入のような入り江、池の南側には西隅に小山を模した築山と海の荒磯風の石組、東に出島と立石石組、さらに砂浜状の洲浜が続く。そして南西に大きな堀割状の新排水路があり、境内全体を築地（土塁か）がかこみ、南側中央に南大門がある。多くの自然景観的要素をとりいれた現在の毛越寺が完成した。

また円隆寺の前庭からは、直径が五〇センチ以上で地下に二メートルも埋まっている大きな柱が五基みつかった。そのうち二基はまわりに八本の控え柱がある。この状況から、かなり背の高い柱があったと考えられ、長い旗をつけた大幡《だいばん》と推定されている。この大幡遺構は、掘り方より一二世紀後半の手づくねかわらけが出土したことから、第二期毛越寺のものである。第二期毛越寺が完成した際に大幡を立て大々的な落慶法要をおこなったのであろう（**図58**）。

さて、こうして第二期毛越寺が落慶した時期に、中

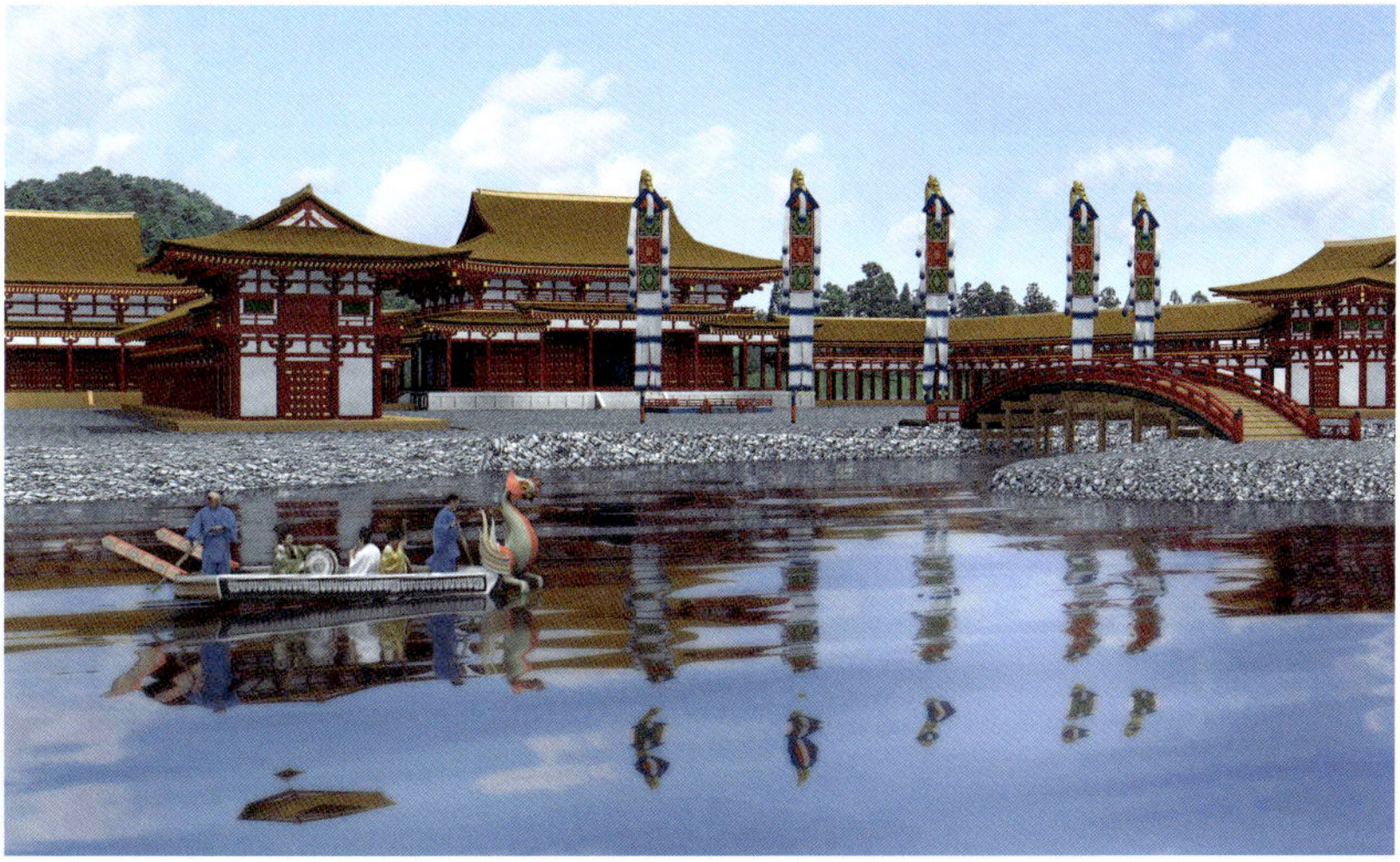

**図58 ● 第２期毛越寺の復元CG**
金堂円隆寺の正面に大幡を５基設けている。左奥に講堂がみえる。池に浮かんでいるのは楽団を乗せた鷁首（げきしゅ）船。灰色の石敷き面の上に朱塗りの堂が建ちならぶ異空間であった。

尊寺の大池では、池の北東部を埋めもどし規模を縮小したことがわかっている。この状況から、平泉の園池にはそれぞれの役割があり、有機的につながっていたと推定される。中尊寺の大池の機能が毛越寺の大泉が池に移った可能性がある。

## 4 都市・平泉の特質

第二期毛越寺が完成したころ、東西大路は観自在王院前の部分が約三〇メートル（一〇〇尺）幅に拡幅される（図43参照）。観自在王院側ではなく、反対側の南側側溝を一〇メートルほど南につくりなおした跡がみつかっている。

ここには高屋が建っていたのであるが、拡幅された際に高屋をかこんでいた板塀をとり壊し、高屋にぶつかる寸前に側溝の進路を北側に変え、高屋を避けるようにしている。

平泉に一〇〇尺幅の道路は、毛越寺・観自在王院周辺にしかない。しかも正方位軸で整然と配置している。さらに築地塀（土塁か）にかこまれた観自在王院、車宿、高屋などがあった。この景観は、京下りの貴族など南から平泉に入った人びとに、京都と同様かそれ以上であるとの印象を与えたことであろう。

これに対して北側から平泉に向かうと、遠く丘陵の中腹に二階大堂、山頂に塔がみえたはずである。山内のどこを道が通っていたかいまだに明確ではないが、関山丘陵の山道を登って多くの寺社を参拝しながら、山を下って平泉内に入ったのだろう。南の入り口とは対照的である。

平泉の発掘調査をしていると、当時は恒常的に土木・建築工事をおこなっていたのではないかと感じることが多い。それは計画的に都市をつくったのではなく、結果として膨張したために、必要に迫られて整備を進めていったことを意味している。

秀衡は、父の遺業を継いで第二期毛越寺の造営、市街地の形成に心血を注いでいる。また平泉館で大規模な宴会をくりかえしおこなった。宴会を媒介として、主従関係を結んでいったのであるが、かわらけの量をみるかぎり、多数の人間が出入りするようになったことは明らかである。さらに西側の堀外部地区に息子らを配したことなどもあり、館の機能分化を余儀なくされ、最初に加羅御所を分離した。そして晩年に館内の持仏堂を破却し、無量光院を建立している。後の鎌倉幕府の政所や侍所につながる機能分化のはじまりである。建物も安倍氏以来の四面庇建物をやめて、総柱建物とした。価値観の大きな変化といえる。

東北地方のすべてを実効支配していたわけではないものの、同盟や主従関係を結ぶことによって全体が安泰になったことにより、秀衡は官衙の権力を凌駕した。国司館の模倣からはじまった北のつわものたちは、視線の先についに国家をみすえるまでに成長したのである。

日本の中世前期の都市は、その範囲が明確ではないという指摘があるが、その理由は、都城のような明確な設計のもとでの都市づくりではなかったことによる。市街地の膨張により、それらを維持する人びとが集住をはじめ、そこで大きな消費が発生したことにより、それを賄う人びとがさらに集まる。このくりかえしによって、縁辺部にはさまざまな人びとが暮らすようになる。平泉は、日本的な中世都市の先駆けといえるのである。

# 第6章　北の都の終焉と継承

## 1　奥州合戦と平泉の滅亡

一一八七年（文治三）に三代秀衡が逝去し、一一八九年（文治五）閏四月三〇日に泰衡が源義経《よしつね》を討つと、鎌倉の源頼朝はついに平泉に向けて大軍を発する。

その軍は、太平洋岸を進む東海道軍、奥大道を行く頼朝が率いる大手軍、そして日本海側を北上する北陸道軍の三軍に分けられた（図59）。頼朝の目的は、たんに平泉藤原氏を滅ぼすだけではなく、武力による東北地方の統一にあった。そのため軍を各地に派遣し、軍門に下ることを強要し、従わない場合には合戦におよび、そして滅ぼした。

奥州合戦の最大の激戦地は、福島県と宮城県の県境に位置する、現在は国見山《くにみやま》とよばれる阿《あ》津賀志山《つかしやま》であった。その阿津賀志山には、中腹から直線的に下る長さ三キロ以上にもおよぶ長大な堀の痕跡が今も残っている。そしてほとんどの箇所が二重堀である。

北のつわものたちにとって、堀が重要な意味をもつことはすでに述べた。堀は彼らのアイデンティティといえ、また貴族とは異なる新たなる支配者としてのつわものを視角的に認識させる効果もあった。阿津賀志山の長大な堀は、ここより北側が堀の内、すなわち平泉藤原氏の領内であることを示しており、鎌倉軍との決戦の場として設けられた。

しかし、八月九・一〇日の戦いで、大将の国衡（泰衡の異母兄）は討たれる。阿津賀志山を抜かれて以後、大きな合戦はなく、一一八九年（文治五）八月二二日、平泉は占領された。

**図 59 ● 鎌倉軍の進路**
北陸道軍は新潟から北上を開始し、越後をけん制したうえで、出羽に侵攻した。東海道軍のルートは陸路との説もあるが、あえて海路としている。

泰衡はその前日に平泉館を焼き北に逃走したが、九月三日に出羽国比内《ひない》郡贄柵《にえのさく》（現・秋田県大館市）で殺害された。ここに九〇年にわたる北東北の権力者、平泉藤原氏は滅亡する。

平泉陥落後、北上する鎌倉軍に驚いた比爪館の主は、館を焼き払って北へ逐電したと伝えられる。この主は平泉藤原氏と同族の樋爪太郎俊衡《ひづめたろうとしひら》であり、後に降伏して本領を安堵されている。

比爪館は平泉藤原氏の重要な拠点の一つで、近年の研究によって、平泉に匹敵する広がりをもっていた可能性が高いと指摘されている。発掘調査の結果、東西約三〇〇メートル、南北約二〇〇メートルの横長の長方形のような形をしていて、幅一〇メートル前後、深さ一・五メートル前後の堀でかこっていたことがわかっている。

ロクロかわらけや手づくねかわらけが大量に出土し、そのほかにも漆椀や箸、曲物、下駄などの木製品、中国製白磁や常滑焼・渥美焼・珠洲焼などもみつかっている。北東北で平泉以外にこれほど当時の遺物が出土する遺跡は、今のところみあたらない。平泉藤原氏との関連や比爪館の重要性がうかがえる。本領安堵された樋爪氏の比爪館は一四世紀まで存続する。

占領された平泉および北東北は、頼朝の重臣、葛西清重《かさいきよしげ》が陸奥国御家人奉行人（奥州総奉行）となって治めることになる。葛西氏自体が平泉に来ていたのかは不明だが、平泉内の花立遺跡から志羅山遺跡にかけて、鎌倉時代のかわらけや陶磁器などが出土することから、観自在王院の北側付近に彼らは居を構えていたらしい。

一方、柳之御所遺跡周辺では、一六世紀後半になるまで遺物はまったく出土しない。平泉館は灰燼に帰し、まったく使われなくなったことを示す。

## 2　鎌倉への継承

平泉藤原氏亡き後、平泉の寺領は安堵されたが、庇護者を失ったことにより急速に衰退していく。毛越寺や無量光院は鎌倉時代前期に焼失し、中尊寺も南北朝時代には大半の伽藍を失っており、北の都はもはや潰えたかに思えた。しかしながら『吾妻鏡』は次のように伝える（文治五年一二月九日条）。「頼朝は、平泉の伽藍を模して、鎌倉に永福寺を建立した」と。寺院ばかりでなくさまざまなものを鎌倉は平泉から吸収したと推定される。すなわち北のつわものたちが築きあげた文化は、鎌倉に継承されていったのである。

鎌倉初期の幕府である大倉《おおくら》幕府周辺遺跡からは、手づくねかわらけ、常滑焼・渥美焼の壺や甕、中国産白磁四耳壺が大量に出土している。まさしく平泉がおこなっていた宴会儀礼の必需品である。そして、その後の鎌倉は、大規模におびただしい回数の宴会儀礼をおこなっていたことから、かわらけや壺の数は平泉とは比較にならないくらい多くなる。ところが、平泉のような四面庇建物はまったくつくっていない。また堀や大河川がないなど、平泉を継承していない部分も多い。

永福寺として臨池伽藍は継承されたが、それ以後、こうした伽藍は建立していない。その理由は、平泉の天台宗を中心とした仏教が、鎌倉では禅宗にとって代わられたからである。平泉の宗教性を継承するのは源氏三代くらいまでで、北条得宗《とくそう》時代になると価値観も大きく変化し、北からはじまったつわものの政権は、新たな時代に移行していくのである。

## 参考文献


浅利英克　二〇一一　「安倍氏の館・鳥海柵遺跡」『前九年・後三年合戦』高志書院
飯村均　二〇〇九　『中世奥羽のムラとマチ』東京大学出版会
飯村均　二〇一五　『中世奥羽の考古学』高志書院
入間田宣夫　二〇〇三　『都市平泉の遺産』山川出版社
入間田宣夫　二〇一三　『平泉の政治と仏教』高志書院
及川真紀　二〇〇四　「東北地方の経塚」『中世の系譜』高志書院
大石直正　二〇〇一　『奥州藤原氏の時代』吉川弘文館
大平聡　一九九四　「堀の系譜」『城と館を掘る・読む』山川出版社
大矢邦宣　二〇一三　『図説平泉』河出書房新社
小口雅史　二〇一〇　「古代末期の北方世界」『古代末期の境界世界』法政大学国際日本学研究所
小野正敏　二〇〇四　「中世武士の館、その建物系譜と景観」『中世の系譜』高志書院
菅野成寛　二〇〇六　「「都市平泉像」の再構築」『歴史評論』六七八号
五味文彦・本郷和人　二〇〇八　『現代語訳吾妻鏡四』吉川弘文館
五味文彦・本郷和人・西田友広　二〇一二　『現代語訳吾妻鏡一二』吉川弘文館
斉藤利男　一九九二　『平泉　よみがえる中世都市』岩波書店
斉藤利男　二〇一一　『奥州藤原三代』山川出版社
斉藤利男　二〇一四　『平泉　北方王国の夢』講談社
島田祐悦　二〇一一　「清原氏の本拠　大鳥井山遺跡と台処館跡」『前九年・後三年合戦』高志書院
鈴木弘太　二〇一四　「骨寺村と中尊寺を繋ぐ道」『中世人の軌跡を歩く』高志書院
冨島義幸　二〇一〇　『平等院鳳凰堂』吉川弘文館
野中哲照　二〇一四　『後三年記の成立』汲古書院
野中哲照　二〇一五　『後三年記詳注』汲古書院
羽柴直人　二〇一一　『東日本初期武家政権の考古学的研究』総合研究大学院大学
樋口知志　二〇一一　『前九年・後三年合戦と奥州藤原氏』高志書院
誉田慶信　二〇一五　「院政期平泉の仏会と表象に関する歴史学的研究」『平泉文化研究年報』第一五号　岩手県教育委員会
八重樫忠郎　一九九三　「柳之御所跡調査現場から2」『日本史の中の柳之御所跡』吉川弘文館
八重樫忠郎　一九九六　「輸入陶磁器から見た柳之御所跡」『中近世土器の基礎研究』XI　日本中世土器研究会
八重樫忠郎　一九九八　「平泉の井戸跡」『館研究』第1号　岩手の館研究会
八重樫忠郎　一九九九　「平泉への道・平泉の道」『中世のみちと物流』山川出版社
八重樫忠郎　二〇〇五　「平泉における寺院」『中世の都市と寺院』高志書院
八重樫忠郎　二〇一〇　「平泉藤原氏の陶器窯」『兵たちの生活文化』高志書院
八重樫忠郎　二〇一一　「平泉という領域」『都市のかたち』山川出版社
八重樫忠郎　二〇一一　「東北地方の四面庇建物」『前九年・後三年合戦』高志書院
八重樫忠郎　二〇一二　「考古学からみた北の中世の黎明」『北から生まれた中世日本』高志書院
柳原敏昭編　二〇一五　『平泉の光芒』吉川弘文館
吉田歓　二〇一四　『日中古代都城と中世都市平泉』汲古書院

## 柳之御所史跡公園

・岩手県西磐井郡平泉町平泉
　字伽羅楽108―1
・電話　0191（34）1001
・開園時間　9：00～17：00（11月～3月は16：30まで）
・休館日　年末年始（12月29日～1月3日）
・入園料　無料

柳之御所史跡公園

・交通　JR東北本線平泉駅より徒歩15分。車で東北自動車道平泉前沢ICより10分

国指定史跡「柳之御所遺跡」を整備保存した公園。かつての平泉館の堀、掘立柱建物・園池・井戸・道路といった遺構を復元または地上に線などで示し、案内板で解説。遺跡地を歩くことで、平泉館の広さ、建物の配置などを知ることができる。

## 柳之御所資料館

・柳之御所史跡公園に併設
・開館時間・休館日は柳之御所史跡公園と同じ、入館料無料

柳之御所遺跡から出土したかわらけ・壺・甕・瓦・日常生活道具などの考古資料を展示するとともに、平泉館の変遷と発掘調査の経過や遺跡保存の方法をパネルなどで解説。

## 平泉文化遺産センター

・平泉町平泉字花立44
・電話　0191（46）4012
・開館時間　9：00～17：00（入館は16：30まで）
・休館日　年末年始（12月29日～1月3日）、展示替期間（不定）
・入館料　無料
・交通　平泉駅より巡回バス「るんるん」にて約7分、平泉文化遺産センター下車すぐ

世界遺産「平泉の文化遺産」をわかりやすく紹介するガイダンス施設。無量光院跡や旧観自在王院跡などの発掘調査で出土した重要な考古資料を展示。

平泉文化遺産センター

# 遺跡には感動がある

## ――シリーズ「遺跡を学ぶ」刊行にあたって――

「遺跡には感動がある」。これが本企画のキーワードです。

あらためていうまでもなく、専門の研究者にとっては遺跡の発掘こそ考古学の基礎をなす基本的な手段です。また、はじめて考古学を学ぶ若い学生や一般の人びとにとって「遺跡は教室」です。

日本考古学では、もうかなり長期間にわたって、発掘・発見ブームが続いています。そして、毎年厖大な数の発掘調査報告書が、主として開発のための事前発掘を担当する埋蔵文化財行政機関や地方自治体などによって刊行されています。そこには専門研究者でさえ完全には把握できないほどの情報や記録が満ちあふれています。しかし、その遺跡の発掘によってどんな学問的成果が得られたのか、その遺跡やそこから出た文化財が古い時代の歴史を知るためにいかなる意義をもつのかなどといった点を、莫大な記述・記録の中から読みとることははなはだ困難です。ましてや、考古学に関心をもつ一般の社会人にとっては、刊行部数が少なく、数があっても高価なその報告書を手にすることすら、ほとんど困難といってよい状況です。

いま日本考古学は過多ともいえる資料と情報量の中で、考古学とはどんな学問か、また遺跡の発掘から何を求め、何を明らかにすべきかといった「哲学」と「指針」が必要な時期にいたっていると認識します。

本企画は「遺跡には感動がある」をキーワードとして、発掘の原点から考古学の本質を問い続ける試みとして、日本考古学が存続する限り、永く継続すべき企画と決意しています。いまや、考古学にすべての人びとの感動を引きつけることが、日本考古学の存立基盤を固めるために、欠かせない努力目標の一つです。必ずや研究者のみならず、多くの市民の共感をいただけるものと信じて疑いません。

二〇〇四年一月

戸沢充則

## 著者紹介

八重樫忠郎（やえがし・ただお）

1961年、岩手県生まれ。

駒澤大学文学部歴史学科卒業。

平泉町教育委員会文化財センター文化財調査員、世界遺産推進室室長補佐などを経て、現在、総務企画課課長補佐。

主な著作　「奥州平泉にみる常滑焼」『常滑焼と中世社会』小学館、「平泉藤原氏の支配領域」『平泉の世界』高志書院、「日本的都市・平泉」『鎌倉時代の考古学』高志書院、「平泉・毛越寺境内の新知見」『中世社会への視角』高志書院、「平泉と鎌倉の手づくねかわらけ」『中世人の軌跡を歩く』高志書院、「掘り出された平泉」『平泉の光芒』吉川弘文館ほか。

**写真提供（所蔵）**
中尊寺：図2・26／平泉町：図3／盛岡市教育委員会：図4／横手市教育委員会：図6上・19・20／青森市教育委員会：図6下／熊野神社毘沙門堂：図7／岩手県教育委員会：図8・9・11～14・16・32・33・34上・50・54・55／平泉町教育委員会：図15・27・30・31・35・38～40・43～47・56上・58／多賀城市教育委員会：図17／大仙市教育委員会：図18／奥州市教育委員会：図22・48／TNM Image Archives：図23／石川県埋蔵文化財センター：図25／一関教育委員会：図49
**図版出典（一部改変）**
図1：国土地理院1/25000地形図「平泉」「一関」「前沢」「古戸」／図10：平泉町『柳之御所資料館常設展示図録』／図24・34下・53：岩手県教育委員会『柳之御所遺跡第Ⅰ期保存整備事業報告書』／図28：冨島義幸「平泉の建築を復元する」『「都市平泉」ＣＧ復元論集』「都市平泉」ＣＧ復元論集制作会／図37・57：八重樫忠郎「平泉・毛越寺境内の新知見」『中世社会への視角』高志書院／図41：平泉町『観自在王院跡整備報告書』／図56下：八重樫忠郎「平泉・無量光院跡再考」『岩手考古学』

上記以外は著者

シリーズ「遺跡を学ぶ」101

**北のつわものの都・平泉《ひらいずみ》**

2015年　8月15日　第1版第1刷発行

著　者＝八重樫忠郎

発行者＝株式会社 新 泉 社
東京都文京区本郷2−5−12
TEL 03（3815）1662／FAX 03（3815）1422
印刷／三秀舎　製本／榎本製本

ISBN978−4−7877−1531−9　C1021

# シリーズ「遺跡を学ぶ」 第1ステージ100巻（＋別冊4）完結

A5判／96頁／定価各1500円＋税

**◉第Ⅰ期（全31冊完結・セット函入 46500円＋税）**

01 北辺の海の民・モヨロ貝塚　米村 衛
02 天下布武の城・安土城　木戸雅寿
03 古墳時代の地域社会復元・三ツ寺Ⅰ遺跡　若狭 徹
04 原始集落を掘る・尖石遺跡　勅使河原彰
05 世界をリードした磁器窯・肥前窯　大橋康二
06 五千年におよぶムラ・平出遺跡　小林康男
07 豊饒の海の縄文文化・曽畑貝塚　木﨑康弘
08 未盗掘石室の発見・雪野山古墳　佐々木憲一
09 氷河期を生き抜いた狩人・矢出川遺跡　堤 隆
10 描かれた黄泉の世界・王塚古墳　柳沢一男
11 江戸のミクロコスモス・加賀藩江戸屋敷　追川吉生
12 北の黒曜石の道・白滝遺跡群　木村英明
13 古代祭祀とシルクロードの終着地・沖ノ島　弓場紀知
14 黒潮を渡った黒曜石・見高段間遺跡　池谷信之
15 縄文のイエとムラの風景・御所野遺跡　高田和徳
16 鉄剣銘一一五文字の謎に迫る・埼玉古墳群　高橋一夫
17 石にこめた縄文人の祈り・大湯環状列石　秋元信夫
18 土器製塩の島・喜兵衛島製塩遺跡と古墳　近藤義郎
19 縄文の社会構造をのぞく・姥山貝塚　堀越正行
20 大仏造立の都・紫香楽宮　小笠原好彦
21 律令国家の対蝦夷政策・相馬の製鉄遺跡群　飯村 均
22 筑紫政権からヤマト政権へ・豊前石塚山古墳　長嶺正秀
23 弥生実年代と都市論のゆくえ・池上曽根遺跡　秋山浩三
24 最古の王墓・吉武高木遺跡　常松幹雄
25 石槍革命・八風山遺跡群　須藤隆司
26 大和葛城の大古墳群・馬見古墳群　河上邦彦
27 南九州に栄えた縄文文化・上野原遺跡　新東晃一
28 泉北丘陵に広がる須恵器窯・陶邑遺跡群　中村 浩
29 東北古墳研究の原点・会津大塚山古墳　辻 秀人
30 赤城山麓の三万年前のムラ・下触牛伏遺跡　小菅将夫
別01 黒耀石の原産地を探る・鷹山遺跡群　黒耀石体験ミュージアム

**◉第Ⅱ期（全20冊完結・セット函入 30000円＋税）**

31 日本考古学の原点・大森貝塚　加藤 緑
32 斑鳩に眠る二人の貴公子・藤ノ木古墳　前園実知雄
33 聖なる水の祀りと古代王権・天白磐座遺跡　辰巳和弘
34 吉備の弥生大首長墓・楯築弥生墳丘墓　福本 明
35 最初の巨大古墳・箸墓古墳　清水眞一
36 中国山地の縄文文化・帝釈峡遺跡群　河瀨正利
37 縄文文化の起源をさぐる・小瀬ヶ沢・室谷洞窟　小熊博史
38 世界航路へ誘う港市・長崎・平戸　川口洋平
39 武田軍団を支えた甲州金・湯之奥金山　谷口一夫
40 中世瀬戸内の港町・草戸千軒町遺跡　鈴木康之
41 松島湾の縄文カレンダー・里浜貝塚　会田容弘
42 地域考古学の原点・月の輪古墳　近藤義郎・中村常定
43 天下統一の城・大坂城　中村博司
44 東山道の峠の祭祀・神坂峠遺跡　市澤英利
45 霞ヶ浦の縄文景観・陸平貝塚　中村哲也
46 律令体制を支えた地方官衙・弥勒寺遺跡群　田中弘志
47 戦争遺跡の発掘・陸軍前橋飛行場　菊池 実
48 最古の農村・板付遺跡　山崎純男
49 ヤマトの王墓・桜井茶臼山古墳・メスリ山古墳　千賀 久
50 「弥生時代」の発見・弥生町遺跡　石川日出志

**◉第Ⅲ期（全26冊完結・セット函入 39000円＋税）**

51 邪馬台国の候補地・纒向遺跡　石野博信
52 鎮護国家の大伽藍・武蔵国分寺　福田信夫
53 古代出雲の原像をさぐる・加茂岩倉遺跡　田中義昭
54 縄文人を描いた土器・和台遺跡　新井達哉
55 古墳時代のシンボル・仁徳陵古墳　一瀬和夫
56 大友宗麟の戦国都市・豊後府内　玉永光洋・坂本嘉弘
57 東京下町に眠る戦国の城・葛西城　谷口 榮
58 伊勢神宮に仕える皇女・斎宮跡　駒田利治
59 武蔵野に残る旧石器人の足跡・砂川遺跡　野口 淳
60 南国土佐から問う弥生時代像・田村遺跡　出原恵三
61 中世日本最大の貿易都市・博多遺跡群　大庭康時
62 縄文の漆の里・下宅部遺跡　千葉敏朗
63 東国大豪族の威勢・大室古墳群〔群馬〕　前原 豊
64 新しい旧石器研究の出発点・野川遺跡　小田静夫
65 旧石器人の遊動と植民・恩原遺跡群　稲田孝司
66 古代東北統治の拠点・多賀城　進藤秋輝
67 藤原仲麻呂がつくった壮麗な国庁・近江国府　平井美典
68 列島始原の人類に迫る熊本の石器・沈目遺跡　木﨑康弘
69 奈良時代からつづく信濃の村・吉田川西遺跡　原 明芳
70 縄紋文化のはじまり・上黒岩岩陰遺跡　小林謙一
71 国宝土偶「縄文ビーナス」の誕生・棚畑遺跡　鵜飼幸雄
72 鎌倉幕府草創の地・伊豆韮山の中世遺跡群　池谷初恵
73 東日本最大級の埴輪工房・生出塚埴輪窯　高田大輔
74 北の縄文人の祭儀場・キウス周堤墓群　大谷敏三
75 浅間山大噴火の爪痕・天明三年浅間災害遺跡　関 俊明
別02 ビジュアル版旧石器時代ガイドブック　堤 隆

**◉第Ⅳ期（全27冊完結・セット函入 40500円＋税）**

76 遠の朝廷・大宰府　杉原敏之
77 よみがえる大王墓・今城塚古墳　森田克行
78 信州の縄文早期の世界・栃原岩陰遺跡　藤森英二
79 葛城の王都・南郷遺跡群　坂 靖・青柳泰介
80 房総の縄文大貝塚・西広貝塚　忍澤成視
81 前期古墳解明への道標・紫金山古墳　阪口英毅
82 古代東国仏教の中心寺院・下野薬師寺　須田 勉
83 北の縄文鉱山・上岩川遺跡群　吉川耕太郎
84 斉明天皇の石湯行宮か・久米官衙遺跡群　橋本雄一
85 奇偉荘厳の白鳳寺院・山田寺　箱崎和久
86 京都盆地の縄文世界・北白川遺跡群　千葉 豊
87 北陸の縄文世界・御経塚遺跡　布尾和史
88 東西弥生文化の結節点・朝日遺跡　原田 幹
89 狩猟採集民のコスモロジー・神子柴遺跡　堤 隆
90 銀鉱山王国・石見銀山　遠藤浩巳
91 「倭国乱」と高地性集落論・観音寺山遺跡　若林邦彦
92 奈良大和高原の縄文文化・大川遺跡　松田真一
93 ヤマト政権の一大勢力・佐紀古墳群　今尾文昭
94 筑紫君磐井と「磐井の乱」・岩戸山古墳　柳沢一男
95 東アジアに開かれた古代王宮・難波宮　積山 洋
96 鉄道考古学事始・新橋停車場　斉藤 進
97 北の自然を生きた縄文人・北黄金貝塚　青野友哉
98 北方古代文化の邂逅・カリカリウス遺跡　椙田光明
99 弥生集落像の原点を見直す・登呂遺跡　岡村 渉
100 「旧石器時代」の発見・岩宿遺跡　小菅将夫
別03 ビジュアル版縄文時代ガイドブック　勅使河原彰
別04 ビジュアル版古墳時代ガイドブック　若狭 徹